Nathalie Schnoor

Einsamkeit verstehen

In guter Verbindung mit mir und anderen

Nathalie Schnoor

Einsamkeit verstehen

In guter Verbindung mit mir und anderen

BALANCE **ratgeber**

Nathalie Schnoor
Einsamkeit verstehen
In guter Verbindung mit mir und anderen

1. Auflage 2023
ISBN-Print: 978-3-86739-259-4
ISBN-PDF: 978-3-86739-261-7
ISBN-ePub: 978-3-86739-262-4

Bibliografische Information der Deutschen Nationalbibliothek
Die Deutsche Nationalbibliothek verzeichnet diese Publikation
in der Deutschen Nationalbibliografie;
detaillierte bibliografische Daten sind im Internet über
http://dnb.d-nb.de abrufbar.

Weitere Ratgeber, Selbsthilfebücher und Erfahrungsberichte unter
www.balance-verlag.de

Lektorat: Thomas Rosky, München
Umschlaggestaltung: GRAFIKSCHMITZ, Arnbruck, unter Verwendung
eines Fotos von Felix Mittermeier / pixabay.com
Typografiekonzeption: Iga Bielejec, Nierstein
Satz: Psychiatrie Verlag, Köln
Druck und Bindung: AZ Druck und Datentechnik GmbH, Kempten

Alle Arbeitsblätter sind auf der Website des Buches zu finden:
https://balance-verlag.de/product/einsamkeit-verstehen/

Einführung

In seinem Song »Astronaut« besingt der kanadische Musiker Dallas Green einen um die Erde schwebenden Raumfahrer. Dieser zieht seine Bahnen und schwebt allein durchs Universum weit weg von seinen Lieben. Fast greifbar wird es in diesem Lied – das Gefühl der Einsamkeit.

»Astronaut« findet sich passenderweise auf seinem Album »A Pill for Loneliness« und inspiriert zu dem Titel hat den Musiker diese Meldung in den Fernsehnachrichten: Die Wissenschaft arbeitet an einer Pille gegen Einsamkeit – genauer gesagt an einem Medikament, das die gesundheitlichen Folgen von schmerzhafter Einsamkeit mildern soll.

Forschende in den USA untersuchen, inwieweit sich das Gefühl der Einsamkeit durch das Prohormon Pregnenolon beeinflussen lässt. Pregnenolon soll stressreduzierend und vertrauensfördernd wirken und somit ein Miteinander zwischen Menschen leichter gestalten (Rötzer 2019).

Mit der Entwicklung eines solchen Medikamentes reagiert die Wissenschaft auf die alarmierenden Erkenntnisse über den Zusammenhang von Einsamkeit und psychischer und körperlicher Gesundheit. In Verbindung mit Studien, die die Verbreitung von Einsamkeit in der Bevölkerung abbilden, entsteht seit einiger Zeit das Gedankenszenario einer weltweiten »Einsamkeitsepidemie«.

Großbritannien und Japan haben bereits sogenannte Einsamkeitsministerien ins Leben gerufen, um Strategien gegen die zunehmende Einsamkeit zu entwickeln und Menschen wieder mehr in Verbindung zu bringen.

Und auch in Deutschland werden immer mehr Projekte gefördert, die Einsamkeit reduzieren sollen. Oft sind die Projekte an die

Gruppe der älteren Menschen adressiert, was eine Fokussierung auf Einsamkeit im Alter andeutet. Die Covid-19-Pandemie hat den Druck zusätzlich erhöht, Angebote zu schaffen und sozialer Isolation entgegenzutreten.

Einsamkeit ist also ein höchst aktuelles Thema – komplex und changierend in verschiedensten Facetten. Viele Fragen sind mit ihr verbunden: Was ist Einsamkeit, was ist sie nicht? Was sind ihre Folgen? Wer fühlt sich einsam? Was führt zu Einsamkeit? Wer und was kann helfen? Was suchen wir, wenn wir eine »Lösung« für unsere Einsamkeit suchen? Wenn Einsamkeit bedeutet, dass etwas fehlt, was ist das dann? Ist es immer die Gegenwart anderer Menschen? Gibt es etwas anderes, das die Sehnsucht, die in der Einsamkeit steckt, stillen kann? Eine klare und eindeutige Antwort haben die wenigsten Menschen auf solche Fragen.

So vielfältig, wie Einsamkeit ist, sind auch die Werte, die wir als »Gegenteil« von Einsamkeit bezeichnen können. Für einige Menschen ist es die Geselligkeit, das Zusammensein mit anderen. Für andere die Verbundenheit mit sich selbst oder wem oder was auch immer – oder einfach das Glück und das Wohlbefinden.

Gegenteile von Einsamkeit

- Liebe
- Dazugehören
- Mitmachen können
- Verstanden werden
- Verbundenheit
- Glücklichsein
- Auf Augenhöhe betrachtet werden
- Hingehen können, wo ich möchte, ohne ausgegrenzt zu werden

- Mit jemandem mein Zuhause teilen
- Zweisamkeit
- Mit mir selbst im Reinen sein
- Geborgenheit

Dass die Frage nach dem Gegenteil von Einsamkeit ganz unterschiedliche Antworten auslöst, liegt daran, dass jeder Mensch Einsamkeit anders empfindet und es mannigfaltige Auslöser und Gründe dafür gibt – und als Folge auch unterschiedliche Mittel, die helfen, mit diesem Gefühl umzugehen. Diese frühe Erkenntnis wird uns das ganze Buch über begleiten.

ARBEITSBLATT 1 Gegenteile von Einsamkeit

Was ist aus deiner Sicht das Gegenteil von Einsamkeit?

....

....

In der Auseinandersetzung mit Einsamkeit stößt man schnell auf Ähnlichkeiten mit Konzepten von Wohlbefinden, Gesundheit und Glück. Vieles, was sich als hilfreich im Umgang mit dem Gefühl der Einsamkeit erwiesen hat, ist auch gesundheits- und glücksfördernd. Hier finden sich einige Parallelen und Gemeinsamkeiten. So ist es beispielsweise kein Zufall, dass Maike Luhmann, eine der führenden Einsamkeitsforscherinnen, Teil der Gruppe »Happiness Research« des Instituts für Gesundheit und Entwicklung (IGE) ist, das wiederum zur Fakultät für Psychologie der Ruhr-Universität gehört.

MERKE Es kann nicht das eine Konzept als Lösung für Einsamkeit geben. Es ist immer eine Frage, was für die einzelne Person im Vordergrund steht.

Das Phänomen der Einsamkeit zu verstehen, heißt auch, sich selbst besser zu verstehen. Dabei müssen wir herausfinden, was sich hinter unserer Einsamkeit verbirgt – auf gesellschaftlicher und individueller Ebene. Diese Schritte wollen wir in diesem Buch gehen:

Informieren → Was genau steckt hinter dem Phänomen der Einsamkeit? Was kann uns die Wissenschaft an gesicherten Informationen bieten? Welche Möglichkeiten des Schutzes und der Hilfe gibt es? Diese Fragen werden vor allem auf den Seiten 14 – 39 beantwortet.

Abbau der Angst → Die sachliche Auseinandersetzung mit Einsamkeit führt im besten Falle dazu, dass sich Ängste abbauen. Allein die Erkenntnis, dass sich viele Menschen (zumindest hin und wieder) einsam fühlen, kann helfen – niemand ist allein mit diesem Gefühl. Einsamkeit ist ein schwer erträgliches Gefühl, das sich negativ auf die Gesundheit auswirken kann. Dennoch stehen wir der Einsamkeit nicht hilflos gegenüber, wir können etwas dagegen tun.

Anregung zur Auseinandersetzung mit dem Thema → Das Buch soll dazu beitragen, das öffentliche Gespräch über Einsamkeit weiter zu vertiefen und zu bereichern. Es gilt, wissenschaftliche Erkenntnisse zu nutzen und Vorurteile abzubauen.

Anregung zur Auseinandersetzung mit dir selbst → Auf den Seiten 130 – 142 geht es um deine individuelle Situation, deinen persönlichen Umgang mit Einsamkeit. In dem Kapitel »Selbsterforschung« sollen dir die Fragen und Übungen dabei helfen, deine eigene Situation genauer zu betrachten und herauszufinden, wo es Veränderungspotenzial gibt.

Anstoß zum Aktivwerden→ In dem Kapitel »Was kann ich *jetzt* konkret tun?« gibt dir das Buch ab Seite 144 praktische Hinweise und Anregungen. Hier kannst du konkrete Übungen und Tipps für dich auswählen, die an deine eigene Situation anknüpfen und dich dabei unterstützen, sowohl die Zeit mit dir allein zu gestalten als auch mit deinem Umfeld in Kontakt zu treten. Die Arbeitsblätter, die in diesem Buch vorkommen, können unter https://balance-verlag.de/product/einsamkeit-verstehen/ heruntergeladen und ausgefüllt werden.

Dieses Buch kann dich also an verschiedenen Stellen abholen – wenn du dich für Einsamkeit als gesellschaftliches Thema interessierst, wenn du dem Phänomen in deiner Umgebung begegnest und natürlich auch, wenn du selbst Einsamkeit spürst und dich damit auseinandersetzen möchtest.

MERKE Wenn du dich chronisch einsam fühlst, stark unter diesem Gefühl leidest und erkennbare depressive Symptome hast, ist dieses Buch keine ausreichende Hilfe für dich. Dann solltest du dringend in eine professionelle psychotherapeutische Behandlung, die dieses Buch nicht leisten kann.

Über das Thema Einsamkeit gibt es mittlerweile einen großen Fundus an Studien, Sachbüchern und Ratgebern. Einzelne Aspekte wurden bereits ausführlich beleuchtet, andere Aspekte nur ansatzweise oder kaum. Viele der zugrunde liegenden Studien stammen aus der Psychologie, was nicht verwundert angesichts der Tatsache, dass Einsamkeit ein Gefühl ist. Auch einige der Übungen, die in diesem Buch präsentiert werden, haben ihren Ursprung in der Psychologie, insbesondere der dialektisch-behavioralen Verhaltenstherapie (DBT) und der Mindfulness-based Stress Reduction (MBSR), die eng mit dem Konzept der

Achtsamkeit zusammenhängt. Diese Ansätze haben den Umgang mit schwierigen Gefühlen zum Ziel.

Neben den fachlichen Informationen enthält das Buch auch Erfahrungsberichte von Menschen, die sich einsam fühlen. Ich habe mich mit mehreren Menschen getroffen und berichte aus insgesamt zehn Gesprächen, die ich für dieses Buch geführt habe. Darin erzählten diese Menschen offen von ihren Einsamkeitsgefühlen in Gegenwart und Vergangenheit. Hier fanden sich viele Übereinstimmungen mit den Erkenntnissen der wissenschaftlichen Studien. Die Namen der interviewten Personen und konkrete Ortsangaben habe ich geändert.

Die interviewten Personen

- Ulrike, 56 Jahre, lebt allein, leidet an einer psychischen Erkrankung und hat Psychiatrieerfahrung (S. 36, 42, 79, 172, 183).
- Laura, 27 Jahre, lebt zusammen mit ihrem Partner und hat gerade das Studium abgeschlossen (S. 19, 35, 106, 107, 111, 148, 197).
- Franziska, 44 Jahre, lebt mit ihrem Ehemann, ihrer Tochter und ihrem Hund in einem Einfamilienhaus in einem Dorf (S. 18, 83, 111, 113).
- Larissa, 28 Jahre, lebt in einer Dreier-WG in der Stadt und studiert (S. 36, 60, 96, 102, 171, 197).
- Jana, 21 Jahre, ist vor nicht langer Zeit zum Studieren in eine andere Stadt gezogen und hat viele Internetkontakte (S. 19, 37, 61, 96, 99, 107, 151).
- Raika, 42, ist als junges Mädchen nach Deutschland gekommen, lebt zusammen mit ihrer Familie und ist beruflich erfolgreich (S. 66, 90).
- Manuela, 33 Jahre, lebt zusammen mit ihrem Partner in der Stadt und hat viele Sozialkontakte (S. 19, 59, 63, 70, 112, 190).
- Rita, 30 Jahre, lebt zusammen mit ihrem Partner und kennt Einsamkeit vor allem aus der Perspektive als Pflegefachkraft (S. 49, 53, 85, 124).
- Adalbert, 28 Jahre, hat eine chronische körperliche Erkrankung und fühlt sich oft einsam (S. 20, 54, 63, 65, 76, 86, 87, 94, 109, 191).

Sie alle erleb(t)en Einsamkeit auf ihre ganz eigene Weise und betonen jeweils andere Akzente dieses elementaren Gefühls. Dabei war für mich viel Optimistisches und Positives zu spüren, was sich hoffentlich auch auf die Lesenden überträgt.

Der Kontakt zu den Interviewten ist durch verschiedene Anfragen an Vereine und Organisationen sowie durch private Kontakte entstanden – es fällt sofort ins Auge, dass sich vor allem weibliche Personen dazu bereit erklärten, ein Gespräch über Einsamkeit zu führen. Inwieweit das vielleicht schon eine Facette dieses Gefühls widerspiegelt, findet später im Buch Berücksichtigung.

Einsamkeit ist …

Auf den folgenden Seiten betrachten wir die Beschaffenheit des Phänomens Einsamkeit, seine Ausbreitung und seine möglichen Folgen für das Individuum und die Gesellschaft. Wissenschaftliche Studien und Texte helfen uns dabei, ein fundiertes Bild von Einsamkeit zu gewinnen. Denn oft ist das gesellschaftliche Gespräch über Einsamkeit sehr emotional gefärbt und unsachlich, auf der einen Seite dramatisiert mit medizinisch-psychologischen Fachbegriffen, die zu leichtfertig verwendet werden, auf der anderen Seite verklärt und romantisiert, z. B. durch ein Bild des positiven Alleinseins in der Natur.

… klar definiert

Der Begriff der Einsamkeit wird also in verschiedenen Kontexten unterschiedlich verwendet. Wie ist er aber tatsächlich in der Wissenschaft definiert? Was ist gemeint, wenn der Begriff im weiteren Verlauf des Buches verwendet wird?

Definition Einsamkeit

Die Psychologin Maike Luhmann definiert Einsamkeit »als wahrgenommene Diskrepanz zwischen den gewünschten und den tatsächlichen sozialen Beziehungen« (Luhmann 2021, S. 2). Und sie ergänzt: »Einsamkeit ist ein subjektiver Zustand, der von Betroffenen als sehr schmerzhaft wahrgenommen wird.« (Luhmann 2021, S. 4)

Einsamkeit ist also eine subjektiv gefühlte negative Bewertung der eigenen Situation und somit eine Emotion. Das ist zwar schon eine klare Definition, lässt gleichzeitig aber auch viel Raum für Deutungen und Fragen wie »Was macht Einsamkeit aus?«.

In einer großen britischen Studie (Qualter 2018) wurde das Phänomen Einsamkeit global betrachtet und unter verschiedenen Blickwinkeln untersucht. Die Teilnehmenden waren aufgefordert worden, Einsamkeit zu beschreiben und einige Merkmale zu benennen. Am häufigsten wurden diese fünf Merkmale genannt:

- Keine Vertrauensperson haben, mit der man sprechen kann
- Sich nicht mit der Welt verbunden fühlen
- Sich ausgegrenzt fühlen
- Traurigkeit
- Sich unverstanden fühlen

Und was ist mit dir? Was verbindest du ganz persönlich mit Einsamkeit? Gibt es vielleicht eine konkrete Situation, die du selbst erlebt hast? Oder fällt dir eine Person ein, die du als einsam wahrgenommen hast? Woran hast du das festgemacht?

ARBEITSBLATT 2 Was bedeutet Einsamkeit für mich?

Wie und wo erlebe ich Einsamkeit? Was verbinde ich mit ihr?

Wiederkehrende Situationen? Eine bestimmte Phase in meinem Leben?

. . . .

. . . .

. . . .

Abgrenzung zur Isolation und zum Alleinsein

Auffällig ist, dass in der oben erwähnten britischen Untersuchung keine Merkmale wie »wenig Kontakt mit Menschen haben« oder »einen kleinen Freundeskreis haben« genannt wurden. Solche Merkmale beschreiben eher das Phänomen der objektiven sozialen Isolation:

Definition soziale Isolation

Soziale Isolation bezeichnet einen objektiven Mangel an sozialen Beziehungen und meint konkret das Fehlen von sozialen Kontakten. Die Dauer und Anzahl der Kontakte wird an einer festgelegten Norm gemessen und dementsprechend als zu gering oder ausreichend bewertet.

Soziale Isolation bezeichnet also ein übermäßig häufiges »Alleinsein«. Das muss nicht zwangsläufig mit negativen Gefühlen einhergehen. Einsamkeit kann aufgrund von sozialer Isolation entstehen, muss es aber nicht. Und Einsamkeit kann auch auftreten, wenn ein Mensch nicht allein ist.

BEISPIEL

Eine Frau macht sich allein auf eine Reise und wandert tagelang durch die Berge. Unterwegs übernachtet sie in verschiedenen Unterkünften, nimmt dort aber keinen Kontakt zu anderen Leuten auf. Soweit es möglich ist, übernachtet sie auch im eigenen Zelt. Sie ist damit während dieser Reise ohne zwischenmenschlichen Austausch und objektiv sozial isoliert. Trotzdem ist sie zufrieden und kann das Alleinsein genießen, ohne sich einsam zu fühlen.
Ein anderer Mensch ist auf einer Geburtstagsfeier eingeladen, fühlt sich aber mit den vielen gut gelaunten und lachenden Menschen um

sich herum nicht verbunden. Er versucht, ein paar Gespräche anzubahnen, es klappt aber nicht. Er fühlt sich unsicher und nicht erwünscht. Irgendwann unterlässt er die Kontaktversuche. Früh verlässt er die Feier mit einem Gefühl der Einsamkeit.

Einsamkeit ist immer unfreiwillig

Ein wichtiges Unterscheidungskriterium zwischen Alleinsein und Einsamkeit ist die Freiwilligkeit. Einsamkeit kann niemals freiwillig sein, denn sie ist immer etwas Ungewolltes. Gleich ob die Person gerade allein oder unter Menschen ist, in beiden Situationen kann sich Einsamkeit einstellen.

All die Menschen, die bewusst allein die Natur aufsuchen, *entscheiden* sich für das Alleinsein. Sie können diese Entscheidung auch wieder rückgängig machen, wenn sich das Alleinsein anders anfühlt als erhofft. Zu wissen, dass dieses Alleinsein kein unbegrenzter Zustand sein muss, macht es leichter. Einsamkeit dagegen ist oft nicht so einfach zu verändern und erfordert von den betroffenen Menschen viel Kraft.

Um erforschen zu können, wie sich das Einsamkeitserleben positiv beeinflussen lässt, ist es wichtig, Einsamkeit und Isolation als voneinander abgegrenzte Phänomene klar zu definieren und sich ihrer Unterschiedlichkeit bewusst zu sein. Nur so lassen sich passgenaue Strategien entwickeln. Einsamkeitsgefühle lassen sich nicht unbedingt mit einer bloßen Häufung der Kontakte positiv beeinflussen. Einem Mangel an Kontaktmöglichkeiten, wie er in der sozialen Isolation eintritt, lässt sich dagegen leichter strukturell begegnen.

Trotzdem können Isolation und Einsamkeit auch gleichzeitig auftreten. Sie stehen in einem Verhältnis zueinander, das noch nicht vollends erforscht ist. So wird in einer Studie ein zwar schwacher, aber vorhandener Zusammenhang zwischen den beiden Phänomenen nachgewiesen (Coyle & Dugan 2012). Es gibt spannende Auswirkungen dieses Zusammenhanges, denen wir uns in den nächsten Kapiteln nähern.

MERKE Einsamkeit und Isolation haben eine Überschneidung, sind aber nicht das Gleiche. Ein Mensch kann isoliert, aber muss nicht einsam sein. Er kann sogar das Alleinsein suchen. Andererseits kann jemand auch mit vielen anderen Menschen Kontakt haben und sich trotzdem einsam fühlen.

Wie fühlt sich Einsamkeit an?

Auch in den Gesprächen für dieses Buch wurde immer wieder der Unterschied zwischen Alleinsein und Einsamkeit betont. Dass man sich auch inmitten anderer Menschen einsam fühlen kann, ist für viele ein wichtiger Punkt.

BEISPIEL FRANZISKA

Für mich ist Einsamkeit, in Abgrenzung zum Alleinsein, ein negatives Gefühl, das plötzlich auftritt. Das kann auch in der Gruppe passieren, obwohl man dann quasi nicht allein ist, aber man fühlt sich trotzdem einsam. Das Gefühl fühlt sich nicht schön an. Es ist so, als sei man von der Welt abgeschottet.

BEISPIEL LAURA

Einsamkeit ist ein subjektives Gefühl und manchmal nicht durch äußere Umstände zu erklären. Man kann sich auch allein fühlen, wenn man unter Menschen ist. Einsamkeit und Alleinsein sind verschiedene Dinge. Einsamkeit hat mit einem Schmerz zu tun und ist etwas Ungewolltes. Alleinsein kann ja auch was Gewolltes oder Gewünschtes sein. Für mich persönlich bedeutet Einsamkeit, sich nicht zugehörig zu fühlen und sich anderen nicht anzuvertrauen. Einsamkeit entsteht, wenn man sich mit seinen Gedanken und Gefühlen alleingelassen fühlt und warum auch immer gerade keinen Ansprechpartner dafür hat.

BEISPIEL JANA

Es kommt vor allem darauf an, wie sehr man sich mit den Menschen verbunden fühlt, mit denen man gerade Zeit verbringt. Einsamkeit bedeutet, sich nicht als Teil der Menschen zu fühlen, von denen man gerade umgeben ist. In Situationen, in denen ich mich einsam fühle, habe ich den Eindruck, als würde ich von außen auf die Situation draufgucken.

BEISPIEL MANUELA

Am einsamsten habe ich mich eigentlich immer unter Leuten gefühlt. In der Schulzeit zum Beispiel. Gerade in der Grundschule hatte ich Schwierigkeiten und fühlte mich immer außerhalb meiner Klassengemeinschaft, ich konnte mich nicht wirklich einbringen, war sehr ruhig und schüchtern. Ich war froh, wenn der Schultag zu Ende war und ich wieder allein sein konnte.

BEISPIEL ADALBERT

Einsam sein heißt, sich alleingelassen oder sich nirgendwo zugehörig oder gehört zu fühlen. Und ich glaube, Wertschätzung spielt da auch eine große Rolle. Isolation hat damit nichts zu tun aus meiner Sicht. Wenn ich nur einen Kontakt habe und der ist perfekt, dann fühle ich mich nicht einsam. Ich würde sagen, dass es zwischen Isolation und Einsamkeit definitiv eine Korrelation und vielleicht auch eine Kausalität gibt, aber für mich und meine Situation würde ich das nicht sagen, weil ich sowieso immer eher wenige und ausgewählte Kontakte habe. Ich würde das mit Ängsten und Irrationalität in Zusammenhang bringen. Wenn man sich einsam fühlt und Hilfe sucht und gleichzeitig denkt, dass man die Zeit für andere nicht wert ist. Um weniger einsam zu sein und mehr Wertschätzung zu bekommen, müssen persönliche Grenzen überschritten und Mut aufgebracht werden. Und Kraft. Und das ist unglaublich anstrengend.

MERKE Einsamkeit hat viele Facetten. Viele Menschen beschreiben das Gefühl mit Traurigkeit und damit, ausgeschlossen zu sein, sich außen vor und unverstanden zu fühlen.

... in den Medien angekommen

Das Thema Einsamkeit kommt auf fast allen medialen Bühnen vor. Die Pandemie hat die Medienpräsenz und das öffentliche Interesse noch weiter verstärkt. Es ist gut, über Einsamkeit und die möglichen Folgen zu informieren. Zu beachten ist allerdings auch, wie und in welchem Kontext Einsamkeit dargestellt wird. In Bezug auf Einsamkeit fällt auf, dass in der Öffentlichkeit besonders häufig ältere Menschen in den Fokus gerückt werden. In der 2018 ins Leben gerufenen Initiative »Gesundes Miteinander« der Deutschen Angestellten-Krankenkasse (DAK) war das Plakat mit dem Slogan »Geht Omas drücken!« besonders populär. Es sollte auf die Einsamkeit im Alter aufmerksam machen. In der Corona-Pandemie wurden die Plakate aus naheliegenden Gründen wieder entfernt und der Slogan fortan eher metaphorisch interpretiert.

Das Wort Einsamkeit wird in den Medien auch schnell in besonders dramatisch wirkenden Kontexten verwendet. So war im norditalienischen Prestino eine Frau erst zwei Jahre nach ihrem Tod allein an ihrem Küchentisch aufgefunden worden. Die Nachbarschaft hatte geglaubt, sie sei ausgezogen. In dem Kommentar einer italienischen Zeitung wurde die Verstorbene als »Einsamkeit in Person« bezeichnet (Spiegel.de, 8.2.2022). Dass der Begriff »Einsamkeit« hier voreilig in diesem Kontext verwendet wird, fördert ein sehr angstbehaftetes Verständnis von Einsamkeit und trägt nicht dazu bei, über die eigenen Einsamkeitsgefühle zu sprechen.

Wir haben es im öffentlichen Gespräch über Einsamkeit also mit verschiedenen Vorurteilen und teils höchst emotionalen Darstellungen zu tun, die es gilt, zu hinterfragen. Denn Einsamkeit zu verstehen, bedeutet, hinter solche Annahmen zu blicken und somit etwas aufzubrechen, das eine häufige Begleiterscheinung der Einsamkeit ist – die Stigmatisierung.

... stigmatisiert und angstbehaftet

Trotz ihrer Allgegenwärtigkeit und großen Präsenz haftet der Einsamkeit nach wie vor ein Stigma an. Nicht selten fühlen sich Menschen, die Einsamkeit verspüren, selbst an ihrer Situation schuldig. Etwa weil sie den Anforderungen des Lebens und des sozialen Miteinanders nicht gewachsen sind oder sich nicht liebenswert finden. Möglichkeiten, sich selbst die Schuld zu geben, gibt es viele.

Echter Raum für die negativen Gefühle des Lebens wird in unserer Gesellschaft oft nicht zugelassen. So muss sich beispielsweise Instagram den Vorwurf gefallen lassen, eine »toxic positivity« zu verbreiten, die die Menschen auf Dauer krank mache (Reiche 2021). Das Bild, das noch immer in der Gesellschaft gezeichnet wird, sind schöne, glückliche, gut eingebundene Menschen mit Familie und ebenso glücklichem Freundes- und Bekanntenkreis.

Vor einem solchen Hintergrund können einsame Menschen leicht Scham- und Schuldgefühle entwickeln. Und die wiederum führen dazu, dass oft nicht über die eigene Einsamkeit gesprochen wird. Je stärker und bedrückender die Einsamkeit, desto schwieriger wird das Gespräch über die eigene Situation.

Es ist nicht leicht, die eigene Einsamkeit vor anderen zu offenbaren. Viele fürchten sich vor eventuellen Vorwürfen oder davor, dass ihr Eingeständnis falsch verstanden wird. »Ich bin einsam, also hilf mir«, könnte beim Gegenüber ankommen. Um Hilfe zu bitten, stellt für viele Menschen ein schambehaftetes Eingeständnis von Unterlegenheit dar. Ein Problem zu verschweigen, führt jedoch selten zu einer Lösung oder einer Verbesserung. Im Gegenteil – meist verschlimmert sich die Situation.

Dass einsame Menschen also aus vielen Gründen dazu tendieren, ihre Gefühle zu verschweigen, ist zu berücksichtigen, wenn wir im Verlauf des Buches Studien zur Verteilung von Einsamkeit betrachten, die im Wesentlichen auf den eigenen Angaben der Teilnehmenden basieren. Die Datenlage wird durch das Stigma der Einsamkeit stark beeinflusst und jede Auseinandersetzung mit dem Phänomen muss dies im Blick haben.

MERKE Scham und Schuldgefühle sind häufige Begleiterscheinungen von Einsamkeit, die sich auf die Folgen und die Erhebung von Einsamkeitsgefühlen auswirken.

... unromantisch

Gibt man den Begriff »Einsamkeit« in eine Bildsuchmaschine ein, so erscheinen viele Naturansichten. Zumeist sind dies Fotografien von beeindruckenden und weiten Landschaften – ohne Menschen. Und Reisen werden angeboten mit Slogans wie »Genießen Sie die Einsamkeit der Berge Norwegens!«.

Diese Verbindung von Natur und Einsamkeit steht in einer langen Tradition: Einsamkeit und Natur wurden von Philosophie und Kulturwissenschaft seit jeher zusammengedacht. Mit »Einsamkeit« wird oft das positive und sogar lustvolle und inspirierende Alleinsein in der Natur verbunden. In der Geschichte des indischen Religionsstifters Siddhartha spielt das Alleinleben eine wichtige Rolle für das Erwachen, die Selbstfindung und die religiöse Erleuchtung. Und eines der bekanntesten Zitate des Schriftstellers Henry Thoreau lautet: »Ich liebe es, allein zu sein. Ich habe nie einen Gefährten gefunden, der so angenehm war wie die Einsamkeit.« Und auch in der modernen Geschichte »Into the Wild«, die auf den Tagebuchausführungen von Jon Krakauer beruht, sind Alleinsein und Einsamkeit von zentraler Bedeutung.

In Thoreaus Zitat wird deutlich, wie die Begriffe Alleinsein und Einsamkeit ineinander zerfließen, wie das eine gegen das andere ausgetauscht wird. Und das soll in diesem Buch gerade nicht geschehen. Was Thoreau meint, fällt nicht in den Begriffsbereich der Einsamkeit, sondern eher unter den neutralen Begriff des Alleinseins. Ist das Alleinsein von Selbsterfüllung, Inspiration und tiefer Zufriedenheit geprägt, kann man auch von positivem Alleinsein sprechen. Im Englischen gibt es das Wort »solitude« für diesen Zustand, in der deutschen Sprache fehlt es an so einem Wort. Der positive Effekt der Natur auf die psychische Situation lässt sich übrigens wissenschaftlich belegen, wie wir in späteren Kapiteln noch sehen werden.

MERKE Einsamkeit ist nicht zu verwechseln mit dem romantischen, erfüllenden Alleinsein in der Natur, das in der Philosophie und Literatur tief verankert ist. Einsamkeit ist ein tiefes trauriges Gefühl.

… schmerzhaft

In einem Experiment wurde ein Zusammenhang zwischen Einsamkeit und körperlichem Schmerz nachgewiesen (Eisenberger u. a. 2003). Das Experiment bestand aus einem virtuellen Ballspiel. Eine Versuchsperson spielte mit zwei weiteren Personen virtuell und dabei wurden ihre Gehirnströme gemessen.

Das Spiel bestand aus drei Phasen:

1. Durch einen vorgetäuschten technischen Fehler konnte die Versuchsperson nicht mit den anderen beiden spielen und war außen vor.
2. In der zweiten Phase haben alle drei Personen virtuell miteinander gespielt.
3. In der letzten Phase konnten rein technisch alle Teilnehmenden miteinander spielen, jedoch wurde die Versuchsperson systematisch von den anderen beiden ausgeschlossen und konnte so nicht aktiv am Spiel teilnehmen.

Was die Versuchsperson nicht wusste: In Phase eins und drei gab es gar keine »echten« Mitspielenden, sondern sie hat sich lediglich ein Video von zwei spielenden virtuellen Personen angesehen.

In der anschließenden Befragung berichten alle Versuchspersonen vom Gefühl, in der letzten Phase des Spiels ausgeschlossen zu sein und sich verlassen und zurückgewiesen gefühlt zu haben – einem der zentralen Merkmale von Einsamkeit. Alle Befragten gaben an, das hätten sie nicht so empfunden, als sie aufgrund des technischen Fehlers in der ersten Phase nicht am Ballspiel teilhaben konnten.

Die Aufzeichnung der Gehirnströme vom MRT zeigte: In der dritten Phase, als sich die Versuchspersonen ausgeschlossen fühlten, war ein Gehirnareal aktiviert, das in den vorherigen Phasen nicht aktiviert war. Dabei handelt es sich um das sogenannte Schmerz-Netzwerk im anterioren cingulären Kortex (ACC), wo körperliche Schmerzen verarbeitet werden. Einsamkeit und physischer Schmerz haben denselben Platz im Gehirn und das Forschungsteam schließt daraus, dass soziale und körperliche Schmerzen im Gehirn ähnlich verarbeitet werden. Dies könnte eine Erklärung dafür sein, warum es wehtut, einen geliebten Menschen zu verlieren.

Auch der entgegengesetzte Zusammenhang wurde in einer Studie nachgewiesen (Younger u. a. 2010): Es wurde untersucht, welchen

Effekt es hat, wenn Menschen, die unter Schmerzen leiden, Fotos von Personen gezeigt werden, die sie lieben. Die Menschen haben von weniger Schmerzen berichtet, und auch ihre Hirnströme ließen dies erkennen.

Drei wichtige Erkenntnisse

1. Einsamkeitsgefühle sind u. a. über das Schmerzzentrum mit dem Körper verbunden.
2. Es spielt eine wesentliche Rolle, ob wir uns von anderen aktiv ausgeschlossen fühlen. Ist das der Fall, wird das Schmerznetzwerk aktiviert.
3. Die Verbindung zu geliebten Menschen kann Schmerzen reduzieren.

... ein evolutionäres Erbe

Dass Einsamkeit und Schmerz so eng miteinander verknüpft sind, weist auf eine tiefe Verankerung dieses Gefühls hin. Schmerz ist immer ein Warnsignal des Körpers. Es zeigt an, dass etwas nicht in Ordnung ist und ein Zustand verändert werden muss.

Einsamkeit wird deshalb auch als evolutionäres Warnsignal betrachtet. Es soll den Menschen schon seit jeher davor gewarnt haben, sich zu weit von seinem schützenden Gruppenverbund zu entfernen. Denn früher hing die Chance, zu überleben, in hohem Maße von dem Schutz der Gruppe ab (Cacioppo u. a. 2014). In diesem Sinne ist Einsamkeit vergleichbar mit ursprünglichen Grundbedürfnissen wie Hunger und Durst. Diese sollen das Verhalten eines Menschen ebenfalls dahin gehend beeinflussen, dass der Mensch überlebt: Er soll essen und trinken. Einsamkeit als urmenschliches Gefühl sollte dazu anregen, sich mit der Gruppe zu verbinden.

Das Vermögen, Einsamkeit zu fühlen, mag uns in unserer heutigen modernen Gesellschaft überflüssig vorkommen. Stellt doch anders als in der Frühzeit das Leben allein keine Gefahr mehr für Leib und Leben dar. Wir sind keinen plötzlich auftauchenden Raubtieren ausgesetzt und können uns gegen viele Kräfte der Natur durch unsere Technik schützen. Und unserem Streben nach Leistungsfähigkeit und Effizienz mag die Fähigkeit zur Einsamkeit mit ihrer schmerzenden Wirkung sogar kontraproduktiv entgegenstehen.

Die Fähigkeit zur Einsamkeit ist dennoch noch immer da. Es hat den Menschen von Generation zu Generation getragen und sein Überleben mit gesichert. Es gehört zum Menschsein dazu.

... keine Krankheit

Bei Schlagworten wie »Epidemie der Einsamkeit« drängt sich der Gedanke auf, dass Einsamkeit eine Krankheit sein könnte. Denn wir benutzen Wörter wie »Epidemie«, »Medikament« und »Mortalität« sonst eher im pathologischen Kontext. Auch die Forschung an einem Medikament gegen Einsamkeit verstärkt die Vorstellung, dass Einsamkeit eine Krankheit sei. Doch bei Einsamkeit handelt es sich ganz und gar nicht um eine Krankheit, sondern um ein Gefühl.

Starke und lang anhaltende Einsamkeit kann zu gesundheitlichen Schäden führen. Für die Einsamkeit selbst aber liegen keine diagnostischen Kriterien vor, die eine Klassifizierung als Krankheit ermöglichen.

Gefühle, wie Einsamkeit eines ist, entstehen als Reaktionen auf äußere oder innere Reize, auf Informationen oder Gedanken. Dieses Wechselspiel zwischen Reiz und Gefühl hat bei jedem Menschen ganz individuelle Auswirkungen. Auch die Handlungen, zu denen uns das

Gefühl der Einsamkeit motiviert, können durchaus vielfältig sein (Bohus & Wolf-Arehult 2013).

Ein Gefühl wie Einsamkeit wird sich nie erfolgreich »bekämpfen« lassen in dem Sinne, dass es für immer verschwindet. Einsamkeit ist eine Facette des menschlichen Gefühlsspektrums – wir können sie erkennen, beobachten, herausfinden, wo sie herrührt, und Lösungen erarbeiten.

... ein Gefühl

Als subjektives Gefühl hat Einsamkeit bestimmte Eigenschaften, die bei einem strukturierten und geplanten Umgang mit ihr berücksichtigt werden müssen.

Gefühle sind erlernte Antworten auf Reize oder Informationen und sie können aus uns selbst kommen oder von außen auf uns einwirken. Einsamkeitsgefühle können ganz unterschiedliche Auslöser haben. Das ist sehr wichtig, um zu verstehen, wie wir Einsamkeit begegnen und mit ihr umgehen wollen.

Unsere Gefühlsreaktionen sind gefärbt durch gelernte und angewöhnte Muster. Unsere innere Haltung beeinflusst erheblich, mit welchem Gefühl wir auf eine äußere Situation antworten. Ein Beispiel: Stell dir vor, du hast dich gerade mit einer wichtigen Bezugsperson gestritten und ihr konntet den Konflikt nicht auflösen. Am nächsten Tag rufst du eine Freundin aus eurem gemeinsamen Freundeskreis an, um sich deren Rat einzuholen. Diese sagt, sie habe gerade keine Zeit und werde dich später anrufen. Nun stell dir vor, du hattest einen tollen Tag und einen großen Erfolg auf der Arbeit. Nun rufst du dieselbe Freundin an und sie sagt dir das Gleiche, dass sie gerade keine Zeit habe und sich später melden werde. Würde sich die Reaktion deiner Freundin für dich ähnlich anfühlen in diesen beiden Situationen? Oder würdest du sie unterschiedlich bewerten, obwohl die gleichen Worte gesagt wurden?

Gefühle haben die Eigenschaft, uns zu bestimmten Handlungen zu motivieren. Der ursprüngliche Sinn des Gefühls der Einsamkeit ist der, uns zu motivieren, mit anderen Menschen in Kontakt zu treten. Tiefe Einsamkeit kann aber auch zu nicht hilfreichen Handlungen führen, zum Beispiel dazu, dass wir den Kontakt zu anderen meiden. Wir müssen uns also bei der Auseinandersetzung mit Einsamkeit bewusst sein, dass sie zu bestimmten, nicht immer »logisch« erscheinenden Handlungen motivieren kann.

Jeder Mensch kann von Einsamkeit betroffen sein. In uns allen steckt die Fähigkeit, Gefühle zu empfinden und somit auch Einsamkeit. Die Situationen, die in Einsamkeit münden, unterscheiden sich von Mensch zu Mensch.

Einsamkeit findet sich in der alten Dame, die ihren verstorbenen Ehemann vermisst. Im jungen Mann, der sich wegen seiner Behinderung von der Gesellschaft ausgeschlossen fühlt. In der jungen Studentin, die sich während ihrer Weltreise plötzlich nach ihren Freunden in der Heimat sehnt. Im Krankenpfleger, der nach der dritten Wochenendschicht zu erschöpft ist, um zum Geburtstag eines guten Freundes zu gehen. Sie findet sich auch in dem Menschen, der sich in seiner Partnerschaft nicht mehr gehört fühlt. In der Frau, die ihr Gehalt als Reinigungskraft durch Jobcenter-Leistungen aufstocken muss und lieber nicht mit den Bekannten im Restaurant essen geht. Sie findet sich im jungen Mädchen, das wegen ihres Übergewichts in der Schule gehänselt wird. Einsamkeit hat unendlich viele Gesichter.

Die Vielfalt des Erlebens von Einsamkeit macht ihre objektive Darstellung zu einer großen Herausforderung. Die empirische Forschung ist jedoch darauf angewiesen und so wurden einige Methoden zur Messung von Einsamkeit entwickelt.

Bei einer Methode wird die Person direkt nach ihrem Einsamkeitserleben gefragt und gebeten, den eigenen »Einsamkeitswert« auf einer Skala anzugeben. Das kann zum Beispiel so aussehen:

Bitte kreuze an: Wie einsam fühlst du dich zurzeit?

○ nie ○ selten ○ manchmal ○ oft ○ immer

Bei dieser einfachen Methode gelten meist die Menschen als einsam, die die Optionen »oft« oder »immer« angeben.

Welche Gefühle löst diese Frage in dir aus?

Bei vielen Menschen führt das Stigma, das der Einsamkeit innewohnt, dazu, dass sie diese Gefühle verschweigen – auch in anonymen Erhebungen. Viele Forschende gehen davon aus, dass das Wort »einsam« bereits abschreckt und die Antwort der jeweiligen Person beeinflusst. Deshalb gibt es verschiedene Methoden, Einsamkeit zu erfragen, ohne sie explizit zu benennen.

Die UCLA-Loneliness-Skala und die De-Jong-Gierveld-Loneliness-Skala sind die am häufigsten verwendeten Fragebögen, die ohne das Wort »einsam« auskommen. Beide Skalen gibt es in einer langen und einer kurzen Version – es werden verschiedene Aussagen formuliert und die teilnehmende Person gibt an, inwieweit sie der Aussage zustimmt. Die beiden Skalen arbeiten mit unterschiedlichen Aussagen.

Trotz dieser Versuche ist es schwer, Einsamkeit in Zahlen darzustellen und Studien zu vergleichen, um »objektive« Informationen zu erheben und weiterführende Schlüsse daraus zu ziehen. Teilweise widersprechen sich die Studien aufgrund der beschriebenen Herausforderungen sogar. Dies hat oft mit dem unterschiedlichen Zugang zum Phänomen der Einsamkeit zu tun.

... weitverbreitet

Von einer »Gesellschaft der Einsamen« hören wir immer wieder. Oft wird betont, wie hoch die Anzahl der einsamen Menschen in Deutschland und überall auf der Welt ist. Wir wollen nun einen Blick auf die empirisch erhobene Verteilung von Einsamkeit werfen und einen Eindruck von der Lage gewinnen.

Die nun folgenden Zahlen beruhen auf verschiedenen Studien und sind unter Berücksichtigung der oben beschriebenen Grenzen der Messbarkeit und Abbildbarkeit des Phänomens Einsamkeit zu betrachten.

Verbreitung in Deutschland

Erwachsene Menschen aller Altersgruppen fühlen sich einsam. Dabei fühlen sich 5 – 10 Prozent der Erwachsenen »sehr häufig« einsam. Bezieht man die mit ein, die angeben, sich »manchmal« einsam zu fühlen, beträgt dieser Wert 10 – 15 Prozent (Luhmann 2021). Andere Studien geben für die Gruppe der Menschen, die sich manchmal einsam fühlen, sogar einen Anteil von 20 Prozent an (Neu & Müller 2020). Insgesamt sprechen wir also definitiv von mehreren Millionen Menschen in der deutschen Gesellschaft, die in unterschiedlichem Maße von Einsamkeitsgefühlen betroffen sind.

Weil sich die Erhebungsmethoden für Einsamkeit so sehr unterscheiden, sind in den diversen Studien manchmal verschiedene Zahlen zur Verbreitung von Einsamkeit angegeben. Ich beziehe mich an dieser Stelle auf die Veröffentlichungen von Maike Luhmann (Luhmann 2016, 2019, 2021), weil die Wissenschaftlerin sich auf mehrere Erhebungen in ihrer Aussage stützt und hier eine Art »Konsenswert« ermittelt hat.

Welche Lebensalter sind besonders betroffen?

Das Risiko, unter Einsamkeit zu leiden, verändert sich im Lauf des Lebens. Ein besonderes Risiko besteht in den Lebensjahren um die 30, zwischen 50 und 60 und bei Menschen über 80 Jahren. Nach 80 Jahren nimmt das Einsamkeitsrisiko kontinuierlich zu. Am wenigsten einsam fühlen sich laut den Daten von Luhmann & Hawkley (2016) übrigens Menschen zwischen 65 und 75 Jahren. Bei Eyerund und Orth (2019) ist die Gruppe mit den niedrigsten Einsamkeitswerten die Gruppe der 50- bis 59-Jährigen.

Das hohe Risiko um die 30 scheint damit zu tun haben, dass junge Erwachsene aufgrund vieler Veränderungen und anstehender Lebensentscheidungen besonders angreifbar für Einsamkeitsgefühle ist.

Verbreitung in Europa

Der *European Quality of Life Survey* ermittelt in regelmäßigen Abständen die Lebensqualität der Menschen in Europa. Dazu gehört auch der Grad der Einsamkeit. Die Erhebung im Jahr 2016 ergab: Die höchsten

Einsamkeitswerte finden sich in Südosteuropa. Spitzenreiter sind die Türkei und Rumänien. Auch Frankreich und Ungarn haben mit neun Prozent recht hohe Werte. In Deutschland fühlen sich die Menschen mit fünf Prozent vergleichsweise wenig einsam.

Warum die Werte in einigen Ländern höher sind als in anderen, darüber lässt sich momentan nur spekulieren. Denkbar wäre der Einfluss kulturell geprägter Erwartungen an soziale Kontakte und familiäre Beziehungen. Diese können bei den befragten Menschen, je nach Herkunftsland, unterschiedlich sein. Enttäuschte Erwartungen können zu verstärkter Einsamkeit beitragen. Wer erwartet, immer viel Zeit mit der Familie zu verbringen, vielleicht sogar mit den Kindern und Enkelkindern unter einem Dach zu wohnen, wird eher enttäuscht als jemand, dessen Erwartungen flexibel und anpassungsfähig sind.

Ein anderer Grund ist möglicherweise, dass es in den einzelnen Ländern unterschiedliche Hemmschwellen gibt, zuzugeben, sich einsam zu fühlen. Ist ein Land sehr kollektivistisch ausgerichtet und haben Familie sowie ein dichtes soziales Netz eine hohe Priorität, lastet auf mir ein noch größerer Druck, diese Erwartungen zu erfüllen, und zugleich eine unendliche Scham, wenn ich sie nicht erfüllen kann und mich einsam fühle.

MERKE Die Mechanismen hinter den unterschiedlichen Einsamkeitszahlen in verschiedenen Ländern gilt es in der Zukunft näher zu untersuchen.

Nimmt Einsamkeit zu?

Diese Frage ist schwer zu beantworten. Die Zahlen der Studien müssen differenziert gelesen werden: Welche Menschen werden als einsam gezählt? Nur die, die angeben, sich häufig bzw. immer einsam zu fühlen? Oder auch die, die dieses Gefühl manchmal verspüren? Kann es sein, dass durch die öffentliche Diskussion des Themas Einsamkeit und die wachsende Sensibilisierung in der Gesellschaft auch die Tendenz steigt, Einsamkeit in Befragungen anzugeben? Ist es jetzt leichter, über die eigene Einsamkeit zu sprechen und geben deshalb mehr Menschen an, sich so zu fühlen?

Heyn u. a. (2021) interpretieren die Datenlage dahin gehend, dass es im Durchschnitt einen Anstieg der Einsamkeit gebe. Dieser sei in allen Altersgruppen festzustellen – unter den Jüngeren jedoch noch drastischer als in der Gruppe der Erwachsenen. Aus einer Auswertung des Institutes der Deutschen Wirtschaft (Eyerund & Orth 2019) geht dagegen hervor, dass die Tendenz insgesamt leicht rückläufig sei. Luhmann formuliert es in ihrer Stellungnahme an den Bundestag so: »Obwohl in den Medien häufig von einer Einsamkeits-Epidemie die Rede ist, gibt es keine gesicherten Hinweise, dass der relative Anteil einsamer Menschen in den vergangenen Jahrzehnten stark zugenommen hat (zumindest bis zum Beginn der Covid-19-Pandemie). Dies liegt aber teilweise auch daran, dass Einsamkeit erst seit einigen Jahren einigermaßen systematisch in repräsentativen Studien erhoben wird, was historische Vergleiche erschwert.« (Luhmann 2021, S. 7)

Die Frage, ob unsere Gesellschaft heute einsamer ist als früher, lässt sich also nicht eindeutig beantworten. Auch die Corona-Pandemie spielt hier eine Rolle. Deren langfristige Auswirkungen sind noch nicht abzusehen.

Wir alle waren monatelang dazu aufgefordert, Abstand zu unseren Mitmenschen zu halten. Wir waren in der Pandemie gezwungen, viel mehr Zeit allein zu verbringen als sonst und die gewohnten Kontakte einzuschränken. Zahlreiche Räume des Miteinanders, z. B. Schulen, Bibliotheken, Restaurants wurden geschlossen. Das alles führte zu weniger Begegnungen. Auch deshalb wird Einsamkeit oft in Zusammenhang mit der Pandemie gebracht.

Es gibt erste wissenschaftliche Studien über die Effekte der Covid-19-Pandemie auf das Einsamkeitserleben. Diese zeigen, dass Einsamkeitsgefühle statistisch in allen Altersgruppen zugenommen haben. Besonders betroffen sind Jugendliche und junge Erwachsene sowie Eltern kleiner Kinder und Alleinlebende (Lippke u. a. 2021). An diesen Folgen der Kontaktbeschränkungen wird die Verwobenheit zwischen Isolation und Einsamkeit sichtbar.

Beruhigenderweise lassen sich auch Hinweise darauf finden, dass die Bevölkerung in Deutschland den Beschränkungen mit viel Resilienz begegnet ist und dass die Lebenszufriedenheit – trotz erhöhter Einsamkeitswerte – insgesamt nicht gelitten hat (Entringer & Kröger 2020).

BEISPIEL LAURA

Ganz am Anfang der Pandemie ist natürlich erst mal das Studium weggefallen, also die Präsenzlehre. Zu dem Zeitpunkt habe ich sogar noch alleine gewohnt, da habe ich noch nicht mit meinem Freund zusammengelebt. Das war dann so ein »O. K., irgendwie ist jetzt die ganze Welt weg«. Das hat sich dann schon so ein bisschen einsam angefühlt, aber tatsächlich bin ich dann einfach täglich zu meinem Freund gefahren. Und dann sind wir zusammengezogen. Das hat sich so entwickelt. Und mit meinen anderen Freunden habe ich mich virtuell über Zoom getroffen. Und dadurch ist das alles auch nicht so schwer gewesen wie für manch andere vielleicht, die die Möglichkeit nicht hatten. Aber klar, am Anfang war das schon hart. Wenn man erst mal überlegen muss, was tut man jetzt eigentlich. Da ist ganz viel Struktur weggefallen, auch weil sich die Umstellung auf virtuelle Treffen im Studium erst allmählich durchsetzte. Da gab es dann nicht so viele Termine. Ich fühlte mich gefangen in meinem eigenen Zuhause. Man sollte ja auch wenig rausgehen. Eigentlich tut es mir ganz gut, rauszugehen. Das war ein regelrechter Zwiespalt, ein Dilemma, finde ich.

BEISPIEL LARISSA

Seit Corona fühle ich mich öfter einsam. Weil ich merke, dass ich meine Freizeit aktiver gestalten muss und es nicht mehr so einfach ist, Leute zu sehen. Und ich hatte sehr viele Zoom-Seminare letzte Woche an der FH (Fachhochschule). Es war cool, so viele Leute zu sehen. Aber danach macht man dann den PC aus und dann sitzt man da allein zu Hause und denkt: »Na toll und jetzt?« Mir fehlen schon die realen persönlichen Kontakte.

BEISPIEL ULRIKE

Plötzlich fiel alles aus. Man konnte keinen Sport mehr machen, man konnte nicht mehr zum Yoga. Da bin ich gerne hingegangen, das war im Sommer immer auf der Wiese. Ich gehe auch häufig zur Akupunktur, das findet mittlerweile schon wieder statt. Yoga geht halt noch nicht, erst im Juni wieder. Aber irgendwann habe ich gemerkt, ach Mensch, man kann einkaufen, man kann ja eigentlich trotzdem noch vieles machen. Vielleicht habe ich dadurch sogar gelernt, mit mir allein zu sein und die Ruhe mal genießen zu können. Und nicht immer permanent irgendwo hinzumüssen. Also aus diesem irrsinnigen Teufelskreislauf rauszukommen.

BEISPIEL JANA

Während Corona fühle ich mich nicht so einsam. Die Kontakte, die ich jetzt habe, sind viel bewusster. Die Menschen, mit denen ich jetzt Kontakt habe, legen tatsächlich Wert darauf, dass ich da bin. Und ich lege Wert darauf, dass sie da sind. Und dann habe ich gar nicht so oft das Gefühl, dass ich früher häufig hatte, dass ich nur eine Randfigur bin und irgendwie reingehöre, irgendwie aber auch nicht. Ich habe oft das Gefühl, etwas zu verpassen. Das ist im Moment anders. Wenn die Welt stillsteht, dann kann ich auch nichts verpassen, wenn ich nicht dabei bin.

Für die von mir Interviewten hatte Covid-19 also ganz unterschiedliche Folgen: kurzfristige Orientierungslosigkeit und Verlust der gewohnten Strukturen, zu viel Alleinsein, Gefangensein im eigenen Zuhause – und auf der anderen Seite Entschleunigung, wohltuende Ruhe, Besinnung auf das Wesentliche und sogar die Festigung von wichtigen Beziehungen.

SCHON GEWUSST?

Zu den pandemiebedingten Kontaktbeschränkungen gehörte zeitweise auch der Umzug ins Homeoffice. Das Arbeiten von zu Hause kann unterschiedliche Effekte haben – und neben den praktischen Effekten dieser Arbeitsform gaben in einer Befragung 2020 auch ca. 20 Prozent an, sich im Homeoffice einsam zu fühlen (Kunze et al. 2020). Hier ist also ganz besondere Vorsicht geboten, damit das Arbeiten zu Hause eine angenehme und erleichternde Angelegenheit bleibt und nicht zu Isolation und Einsamkeit führt.

Tipps für ein gesundes Arbeiten im Homeoffice ohne Vereinsamung:

Tag gut strukturieren Bewegungseinheiten, Spaziergänge, Entspannungsübungen und bewusste Pausen abseits vom Computer einplanen.

Projektunabhängigen Austausch fördern Zum Beispiel mit der Kollegin, die sonst im Büro nebenan sitzt, eine kleine informelle Videokonferenz abhalten. Oder eine virtuelle Kaffeepause mit der ganzen Arbeitsgruppe anregen. Denn im »normalen« Arbeitsalltag spricht man ja auch mal darüber, wie das Wochenende war oder was nach Feierabend geplant ist. Und das tut gut!

Neben all den negativen Folgen der Pandemie lassen sich auch andere Effekte beobachten: Einsamkeit und Alleinsein wurden noch nie so häufig und direkt in der Öffentlichkeit besprochen – in Talkshows und Wissensmagazinen, in Print und Fernsehen. Und auch in Gesprächen mit der Familie, im Freundeskreis oder auf der Arbeit ist das Thema Einsamkeit bei den meisten von uns wahrscheinlich so oft aufgetaucht wie noch nie. Darin liegt die große Chance, dass sich Hemmungen und Schamgefühle verringern. Außerdem scheint die Pandemie Impulse gesetzt zu haben, Einsamkeit in der Gesellschaft zu begegnen und Strategien zu entwickeln, um die Bevölkerung zu schützen.

Außer Frage steht: Einsamkeit gab es auch schon vor Covid-19 und es wird sie auch geben, wenn die Kontaktbeschränkungen der Vergangenheit angehören. Die Pandemie lenkt den Fokus auf die Problematik von Einsamkeit und Isolation. Die psychosozialen Folgen müssen erst noch langfristig erforscht werden.

Fazit

Obwohl Einsamkeit ein Thema unserer Zeit zu sein scheint und in den Medien so präsent ist wie noch nie zuvor, gab es sie schon immer. Sie ist eine überlebenswichtige Fähigkeit, die die evolutionäre Entwicklung überdauert hat – vergleichbar mit anderen Grundbedürfnissen wie Hunger und Durst.

Heute kann sie jeden Menschen treffen und verschiedenste Ausprägungen haben. Dabei sind Einsamkeit und Isolation voneinander zu unterscheiden, auch wenn sich die beiden Phänomene gegenseitig beeinflussen.

Dass durch die Intensivierung der Forschung immer mehr Einsamkeit auch bei jungen Menschen wahrgenommen wird, verändert die Vorstellung von Einsamkeit. So muss das klassische Bild der Einsamkeit als Alterseinsamkeit erweitert werden.

Es ist schwierig zu beurteilen, wie sich die Einsamkeit in den letzten Jahren oder Jahrzehnten entwickelt hat, denn es fehlt an Daten. Noch fehlen Untersuchungen, die eine längere Zeitspanne beobachten. Viele Fragen über Einsamkeit sind noch nicht beantwortet.

Einsamkeit ist keine Krankheit und es kann nicht darum gehen, sie zu »bekämpfen«, sondern viel eher darum, einen dauerhaften und nachhaltigen Umgang mit ihr zu finden. Einsamkeit als Gefühl zu betrachten und das Wissen anzuwenden, das wir über Gefühle haben, kann dabei hilfreich sein.

MERKE Wichtigste Erkenntnis: Wenn du Einsamkeitsgefühle hast oder kennst – du bist damit nicht allein. Viele Menschen geben an, auch so zu fühlen.

Wenn Einsamkeit krank macht

Einsamkeit ist ein tief bewegendes Gefühl, das die evolutionären Wurzeln des Menschlichen berührt. Deshalb liegt es nahe, dass dieses Gefühl weitreichende Konsequenzen haben kann. Hier werden die Folgen für die individuelle Gesundheit und die Gesellschaft skizziert.

Die Gesundheit wird sowohl von Einsamkeit als auch von Isolation beeinflusst (Holt-Lunstad u. a. 2015). Sowohl eine geringe Anzahl sozialer Kontakte als auch das bloße Gefühl, zu wenige Kontakte zu haben, kann zu gesundheitlichen Beeinträchtigungen führen. Die Dynamiken der Einsamkeit sind noch nicht umfassend erforscht. Langfristig angelegte Studien, in denen Menschen und ihre Einsamkeitsgefühle über mehrere Jahre untersucht werden, gibt es kaum.

Psychische Gesundheit

Weil Einsamkeit ein Gefühl ist, erscheint die Verbindung zur psychischen Gesundheit sehr offensichtlich. Und tatsächlich stellen viele psychologische Gesundheitsstudien einen Bezug zu Einsamkeit her. Der Zusammenhang mit Depressionen ist in der Forschung vergleichsweise intensiv bearbeitet.

Depressionen

Einsamkeit und Depressionen hängen so eng miteinander zusammen, dass es sogar Ansätze gibt, in denen sie als ein und dasselbe oder Einsamkeit als ein Symptom von Depressionen beschrieben werden.

Robert Weiss (1973) hat sich bereits sehr früh mit dem Thema Einsamkeit befasst und Einsamkeit klar von Depressionen abgegrenzt. Nach Weiss ist Einsamkeit das negative Gefühl im Hinblick auf die eigenen Beziehungen und Kontakte, wohingegen depressive Gefühle genereller zu verstehen sind und sich auf alle Bereiche des Lebens beziehen können.

Mehrere Studien belegen: Menschen, die ihre Beziehungen und Kontakte als negativ oder nicht ausreichend erleben und bewerten, haben ein höheres Risiko, an Depressionen zu erkranken, als Menschen, die mit ihren Sozialkontakten zufrieden sind (Beller & Wagner 2018, Cacioppo u. a. 2010). Dabei ist interessant, dass die rein objektive soziale Isolation keinen Einfluss auf depressive Gefühle zu haben scheint. Die reine Anzahl der Kontakte beeinflusst das Depressionsrisiko also nicht, sondern nur die persönliche Bewertung (Cacioppo u. a. 2010).

Die Forscherin Sonia Lippke fasst die Ergebnisse zusammen und zeigt die gefährliche Dynamik auf: »Wer seine Einsamkeit nicht ernst nimmt und etwas ändert, kann sich auf dem Weg in eine Depression befinden.« (Wagener 2020)

Grübeln

Eine häufige Begleiterscheinung von depressiven Erkrankungen oder Episoden ist das sogenannte Grübeln. Teismann (2014) erklärt die typische negative Grundhaltung und das Verstricken in eine oft unfreiwillige, selbstquälerische und lähmende Dynamik.

Einsamkeit bietet eine große Fläche für solche Grübeleien. Schnell drängen sich Fragen auf wie: »Warum bin ich einsam und allein?«, »Was stimmt mit mir nicht?«. Gerade einsame Menschen neigen dazu, sich an negativen Gedanken festzuklammern und sich darin zu verheddern.

Alkoholmissbrauch

Alkoholkonsum, -missbrauch und -sucht gefährden auch die psychische Gesundheit. Einige Studien belegen: Wer sich einsam fühlt, lebt eher mit der Gefahr, einen ungesunden Umgang mit Alkohol zu pflegen. Jedoch ist wie bei Depressionen nicht die Anzahl der Kontakte entscheidend: Soziale Isolation allein bedeutet kein höheres Risiko für Alkoholmissbrauch (Akerlind & Hörnquist 1992).

Eine Untersuchung aus dem britischen Raum, bei der Jugendliche und junge Erwachsene befragt wurden, hat ergeben, dass vor allem junge Frauen sowie Jugendliche aus eher benachteiligten ökonomischen Verhältnissen bei stärkeren Einsamkeitsgefühlen den Alkohol als Bewältigungsstrategie wählen (McKay u. a. 2017).

Der ungesunde Konsum als Einsamkeitsbewältigung kann sich, wie bei Ulrike, auch auf andere Mittel beziehen.

BEISPIEL ULRIKE

Ich habe früher viel Ungesundes gemacht, wenn ich einsam war. Ich habe dann getrunken und gekifft und ich hatte viele Männer, die schlecht für mich waren. Alles nur, um mich nicht einsam zu fühlen. Ich hatte Angst, mit meinen Gedanken allein zu sein und habe mich damit abgelenkt. Früher war mir das nicht so bewusst.

Suizidalität

Suizidalität – suizidales Verhalten und suizidale Gedanken – als Folge großen psychischen Leidens steht ebenfalls mit Einsamkeit in Verbindung. In einer Studie aus dem Jahr 2015 wurden Einsamkeit, Suizidalität und Hoffnungslosigkeit in ein Wirkungsdreieck gestellt. Demnach kommt der Hoffnungslosigkeit eine Schlüsselrolle zu. Denn wenn sie gegeben ist, mündet Einsamkeit mit signifikant hoher Wahrscheinlichkeit in Suizidgedanken und -handlungen. Ein Mensch fühlt sich einsam und spürt gleichzeitig keine Hoffnung, dass sich dieser Zustand ändert. Es ist allerdings zu beachten, dass hier einmal mehr nur Menschen ab 60 Jahren betrachtet wurden (Gunzelmann u. a. 2016), was die Fokussierung auf das hohe Alter beim Thema Einsamkeit zeigt.

Wechselwirkungen

Gerade im Bereich der psychischen Gesundheit wird immer wieder auf Wechselwirkungen hingewiesen. Einige psychische Erkrankungen, z. B. Depressionen, lösen bei den Betroffenen die Tendenz aus, sich zurückzuziehen, und können auf diese Weise Einsamkeitsgefühle fördern. So funktioniert der Zusammenhang zwischen Einsamkeit und psychischer Gesundheit wahrscheinlich eher zirkulär als nur in eine Richtung.

MERKE Einsamkeitsgefühle fördern Depressionen, Alkoholmissbrauch und suizidales Verhalten, wobei auch von Wechselwirkungen auszugehen ist. Soziale Isolation allein führt nicht zu diesen Effekten.

Demenz

Menschen, die stark unter Einsamkeit leiden, haben laut mehreren Studien eine mehr als doppelt so hohe Wahrscheinlichkeit, an Alzheimer (der häufigsten Demenzform) zu erkranken als jene, die schwache oder gar keine Einsamkeitsgefühle haben (Holwerda u. a. 2014, Wilson u. a. 2007, Beller & Wagner 2018). Zudem scheint es so, dass Einsamkeitsgefühle den Verlauf einer Demenz beschleunigen. Dabei wurden in den Studien andere mögliche Einflüsse wie soziodemografische Faktoren, das soziale Netzwerk, gesundheitliche Faktoren und Depressionen herausgerechnet.

Der Einfluss von sozialer Isolation wird in diesem Kontext unterschiedlich bewertet. Einige Studien legen nahe, soziale Isolation sei relevanter für die Entwicklung der Alzheimerkrankheit als das bloße Gefühl der Einsamkeit. Andere Studien messen ihr eine geringe Bedeutung zu.

Auch hier stellt sich die Frage, ob Alzheimer und andere demenzielle Erkrankungen nicht auch im Gegenzug Einsamkeitsgefühle fördern. Oft schließt die Behandlung von Menschen mit diesen Erkrankungen ein Leben in einer vollstationären Einrichtung ein, das wiederum auch ein Risiko für Einsamkeitserleben darstellt (Plattner u. a. 2021).

Körperliche Gesundheit

Einsamkeitsgefühle haben Auswirkungen auf die körperliche Gesundheit. Eine Studie von Julianne Holt-Lunstad und ihren Mitforschenden (2015) stellt hier die meisten Bezüge her und versetzte sowohl die Forschung als auch die Öffentlichkeit in Aufruhr. Mit den Folgen von

Einsamkeit, die hier nachgewiesen wurden, hat sich wahrscheinlich zum ersten Mal die volle Kraft von lang anhaltender Einsamkeit zu erkennen gegeben.

Wie genau wirken sich (chronische) Einsamkeit und soziale Isolation auf die körperliche Gesundheit aus und welche Prozesse und Mechanismen werden in Gang gesetzt?

Stress

Einsamkeit bedeutet Stress für den Körper. Forschende können ihn u. a. an einem erhöhten Adrenalin- und Cortisolspiegel ablesen (Hawkley & Cacioppo 2010). Auch hier knüpft das Einsamkeitsgefühl an Funktionen an, die der Mensch im Lauf der Evolution entwickelt hat. Ursprünglich hat unser Körper Stress in akuten Gefahrensituationen erlebt und verschiedene körperliche Reaktionen ausgelöst: zum Beispiel das Hochregeln von Blutdruck, Blutzucker und Kreislauf. Was in diesen Situationen sinnvoll war, bewirkt bei chronischem Stress, wie ihn die Einsamkeit hervorrufen kann, verschiedene Krankheitssymptome, z. B. Diabetes.

Bei Menschen, die an chronischem Stress und starken Einsamkeitsgefühlen litten, konnte außerdem ein erhöhtes Entzündungsrisiko sowie ein schwächeres Immunsystem nachgewiesen werden, ebenso eine verlangsamte Wundheilung (Simmank 2020, Hawkley & Cacioppo 2010).

Stress senkt also nicht nur unsere Lebensqualität und führt dazu, dass wir uns »nicht gut fühlen« – Stress ist eine extreme Gesundheitsbelastung und steht in einem engen Zusammenhang mit Einsamkeit.

SCHON GEWUSST?

In einem Experiment wurde erforscht, mit wie viel Wahrscheinlichkeit einsame und nicht einsame Menschen nach künstlicher Infizierung von außen einen Schnupfen bekommen. Dabei hat sich – auch unter Kontrolle anderer Variablen – eine fast doppelt so hohe Wahrscheinlichkeit für einsame Menschen ergeben, an Schnupfen zu erkranken. Dies lässt sich leicht als eine Reaktion auf den durch Einsamkeit ausgelösten Stress lesen (Cohen u. a. 1997).

Bluthochdruck und Herz-Kreislauf-Erkrankungen

Auch ein erhöhtes Risiko für Bluthochdruck ist eine der Folgen, die Einsamkeit und Isolation mit sich bringen können. Genauso steigt die Wahrscheinlichkeit für Herz-Kreislauf-Erkrankungen und Schlaganfälle. Bei chronischer Einsamkeit steigt das Risiko für einen ersten Herzinfarkt um 29 Prozent und für einen Schlaganfall um 32 Prozent (Valtorta et al. 2016).

Krebserkrankungen

In einer finnischen Studie (Kraav u. a. 2021) wurde festgestellt, dass einsame Menschen ein um 25 Prozent erhöhtes Risiko haben, an Krebs zu erkranken. Insbesondere Lungenkrebs wird durch Einsamkeitsgefühle gefördert – der höhere Tabakkonsum wurde hierbei herausgerechnet. Soziale Isolation allein führt nicht zu diesen Effekten. Überraschenderweise konnte Prostatakrebs dagegen als einzige Krebsart weder mit Einsamkeit noch mit Isolation in Zusammenhang gebracht werden.

Gesundheitsverhalten

Einsamkeit hat ein eher negatives Gesundheitsverhalten zur Folge (Hawkley & Cacioppo 2010; Richard u. a. 2017). Dies äußert sich unter anderem darin, dass chronisch Einsame und sozial isolierte Menschen mehr rauchen, weniger körperlich aktiv sind und weniger Obst und Gemüse essen.

Eine Erklärung für diesen Zusammenhang ist die fehlende soziale Kontrolle, die ansonsten zu einem gesünderen Verhalten führen würde. Klingt logisch: Pflege ich Kontakte mit Menschen, die selbst gesund essen und sich viel über gesunde Ernährung und Rezepte austauschen, vielleicht sogar noch ihre Joggingzeiten vergleichen, so wird das einen Effekt auf mich haben. Ich möchte in dieser Gruppe nicht die einzige Person sein, die gar nicht auf ihre Gesundheit achtet.

Auch der Schlaf wird von Einsamkeitsgefühlen beeinflusst: Weniger als die Schlafdauer verändert sich dabei die Schlafqualität. Der Schlaf ist geprägt von vielen Unterbrechungen und der Erholungseffekt sinkt (Hawkley & Cacioppo 2010). Hierdurch wird auch das Immunsystem negativ beeinflusst.

Erhöhte Sterblichkeit

All diese einzelnen Aspekte münden darin, dass dauerhaft einsame Menschen mit einem höheren Sterblichkeitsrisiko leben. Holt-Lunstad (2015) zieht die Schlussfolgerung, dass Einsamkeit die Sterblichkeit stärker beeinflusst als Übergewicht. Aus ihrer Studie stammt auch der in den Nachrichten oft angeführte Vergleich »Einsamkeit ist so schädlich wie 15 Zigaretten am Tag«.

MERKE Einsamkeit erhöht das Risiko für einen Schlaganfall, Krebserkrankungen und Herzinfarkte. Sie ist mehr als ein einzelner Aspekt der sozialen Situation, sie scheint ein Schlüsselfaktor bei bestimmten Erkrankungen zu sein.

Achte auf dich und nimm Einsamkeitsgefühle ernst

Beim Thema Einsamkeit sind Aufmerksamkeit und Sensibilität gefragt. Weiß ich von mir selbst, dass ich mich manchmal oder oft einsam fühle, ist es angezeigt, beispielsweise auf mein Gesundheitsverhalten zu achten. Denn Einsamkeit kann zu mehr als »nur« zu einem bedrückenden Gefühl werden, was schon unangenehm genug ist. Kümmere dich also um dich selbst und um deine Gesundheit, wenn du sie an dir bemerkst.

Ansteckung

Bei all den Risiken, die lang anhaltende Einsamkeitsgefühle bergen, kommt verstärkend noch die Tatsache hinzu, dass Einsamkeitsgefühle ansteckend sind. Haben wir Kontakt mit einsamen Menschen, kann das unter Umständen dazu führen, dass wir selbst uns auch einsam fühlen. Denn Einsamkeitsgefühle verbreiten sich im sozialen Umfeld und können innerhalb von Freundschaften, Familien und Nachbarschaften weitergegeben werden (Cacioppo u. a. 2009). Das weiß man auch schon von anderen Emotionen, Gedanken und Verhaltensweisen – Einsamkeit ist hier keine Ausnahme.

Menschen, die überdurchschnittlich viele Berührungspunkte und Begegnungen mit Einsamkeit haben, sind zum Beispiel Pflegefachkräfte. Deshalb sollte Pflegefachkräften und auch pflegenden Angehörigen in dieser Hinsicht besondere Aufmerksamkeit zuteilwerden.

BEISPIEL RITA

Du bist ja im Heim Familienersatz, du bist Freundersatz. Du bist eigentlich alles in einer Person. Und auch in der ambulanten Pflege sind wir oft der einzige Kontakt der Menschen, die Einzigen, die noch da sind und eine Art Zuwendung geben. Da kommt sonst niemand. Und du hast ja nur deine gesetzlich vorgeschriebene Zeit bei den Leuten zu Hause und dann bist du wieder weg. Und das wissen die auch und versuchen natürlich, dich so lange wie möglich dazubehalten.

Kosten für das Gesundheitssystem

Durch die Behandlung der oben beschriebenen Krankheiten entstehen natürlich Kosten für das Gesundheitssystem. Das heißt: Einsamkeit kann sehr teuer für eine Gesellschaft werden. Genaue Zahlen lassen sich hier kaum ermitteln, da Einsamkeit nicht diagnostiziert wird und die verschiedenen Ursache-Wirkungs-Mechanismen schwer auseinanderdividiert werden können. Laut einer Studie der US-amerikanischen Stanford-Universität entstehen den Krankenversicherungen für jede einsame Person Kosten in Höhe von etwa 1600 Dollar jährlich (Kunz 2019). Die hohen Kosten könnten eine Motivation für die Politik sein, ins Handeln zu kommen und Einsamkeitsgefühlen in der Bevölkerung möglichst zuvorzukommen.

Einsame Menschen sehnen sich nach Zugehörigkeit. Und auf die Befriedigung dieses Bedürfnisses haben sich fundamentalistische und radikale Gruppierungen spezialisiert. Sie locken mit einem Wir-Gefühl, Identität, Sinnstiftung und emotionalem Zusammenhalt. Ein zentrales Element in solchen Gruppen ist die Abspaltung von der Mehrheitsgesellschaft und die Kreierung eines Feindbildes – oft übernehmen Verschwörungstheorien hier eine zentrale Funktion.

Eine Hebelwirkung hat nach Ansicht des Psychologen Verhaeghe die abnehmende Empathie, die teilweise bei starker Einsamkeit zu beobachten sei. Das macht Radikalisierung noch leichter – das Abwenden von der Gesellschaft fällt einfacher. Dieser Effekt kommt vor allem in Gesellschaften mit höherer sozialer Ungleichheit zum Tragen (Verhaeghe u. a. 2013). Das wiederum widerspricht dem Grundgedanken der Demokratie und stellt somit eine Bedrohung für diese Form des gesellschaftlichen Zusammenlebens dar. Die Demokratie ist darauf angewiesen, dass Menschen miteinander in Kontakt treten.

Ein aktuelles Beispiel für die Ausführungen von Verhaeghe ist die Reaktion der US-amerikanischen Bevölkerung auf den ehemaligen Präsidenten Donald Trump, der weltweit bekannt ist für seine polemischen, gewaltvollen, realitätsfernen und narzisstischen Tendenzen. In einigen Studien werden die Dynamiken untersucht, die zu seinem Wahlsieg geführt haben und als eine Ursache wird immer wieder die Einsamkeit vieler Menschen in den USA genannt. Trump sei besonders von den Menschen gewählt worden, die sich einsam, von ihren Mitmenschen und Familien entfremdet und sozial abgehängt fühlten. Die soziale Ungleichheit hat also zu dieser Entwicklung beigetragen.

Der Personenkult um Donald Trump, die von ihm befeuerten Verschwörungstheorien und seine Art, die Menschen kraftvoll direkt und persönlich anzusprechen, haben viele Menschen in einer sozialen und emotionalen Bedürftigkeit erreicht. Die Unterstützung des Kandidaten Trump bedeutete für viele eine sinnstiftende Aufgabe und die Einbindung in eine Gruppe. Es wird von gegenseitiger Unterstützung, beispielsweise durch Mitfahrgelegenheiten oder Übernachtungsmöglichkeiten für andere Trump supporters berichtet (Koch 2021).

Was hat die Menschen zur Unterstützung von Trump bewogen? Was haben sie in ihrer Einsamkeit gesucht? Die Betrachtung dieser Fragen könnte zu Hinweisen führen, die bei einer Strategie gegen Einsamkeit nützlich sein können.

2017 fand ein Forschungsteam heraus, dass Menschen, die sich sozial isoliert fühlen, eher dazu neigen, Verschwörungstheorien zu glauben (Graeupner & Coman 2017). Ein möglicher Grund dafür könnte laut dieser Studie sein, dass solche Verschwörungstheorien eine Begründung für die eigenen Einsamkeitsgefühle sein könnten. Zudem geben diese Theorien den Einsamen das Gefühl, wieder zu einer Gruppe »Eingeweihter« zu gehören. Die Menschen finden Zustimmung innerhalb einer Gruppe, die sie sonst im Leben vermissen.

Fazit

Eindeutige Zahlen zu gewinnen ist eine große Herausforderung für die Sozialwissenschaften, weil Einsamkeit keine Krankheit ist und nicht mit üblichen diagnostischen Kriterien erfasst werden kann. Klar ist trotzdem, dass Einsamkeit die Gesundheit beeinflusst. Sind diese Gefühle stark und lang anhaltend, richten sie großen gesundheitlichen

Schaden an und ihre Behandlung kann eine große finanzielle Belastung für die Gesundheitssysteme bedeuten. Hinzu kommt die Gefahr, die Einsamkeit in einigen Bevölkerungsgruppen, vor allem bei denen, die sich »abgehängt« fühlen, für die Demokratie darstellt.

Daraus ergibt sich ein dringender Handlungsbedarf für die politischen Ebenen aller Gesellschaften, in denen Einsamkeit eine Rolle spielt. Dafür ist die Auseinandersetzung mit den Fragen »Wie entsteht Einsamkeit?« und »Was schützt vor Einsamkeit?« unerlässlich. Im nächsten Kapitel werden wir uns mit diesen Fragen beschäftigen.

Einsamkeit: Ursachen und Schutzfaktoren

Um eine Idee davon zu entwickeln, wie du dem Phänomen Einsamkeit begegnen kannst und welche Wege vielversprechend sind, werfen wir zunächst einen Blick auf die Dynamiken hinter der Einsamkeit. Wie funktioniert dieses komplexe und vielschichtige Phänomen? Was schützt und wo genau verbergen sich die Risiken? Welche Rolle spielen die individuelle Lebensgeschichte, die Lebensumstände und der gesamtgesellschaftliche Rahmen, in dem wir uns alle bewegen?

Psychische Faktoren

Aus der häufigen Gleichsetzung von Einsamkeit und Isolation resultiert die weitverbreitete Annahme, dass sich die Situation schlagartig verbessere, wenn es gelinge, die Anzahl der eigenen Kontakte zu erhöhen. Dass das nicht reicht, zeigt ein beispielhafter Versuch von Rita, die in der Vergangenheit in einem Pflegeheim gearbeitet hat.

BEISPIEL RITA

Einmal habe ich zwei Leute zusammengesetzt, von denen ich wusste, dass die sich schon aus der Kindheit kannten. Ich dachte, da sind Menschen, die sich schon lange kennen, da wird es leicht zum Gespräch kommen. Und dann war da nichts. Es war absolut totenstill.

In einem Pflegeheim kommen natürlich viele Faktoren zusammen, die das Miteinander deutlich erschweren können. Ein einschneidender

Faktor sind zum Beispiel demenzielle Erkrankungen. Menschen berichten oft, sich einsam zu fühlen, auch wenn sie von anderen umgeben sind. Die Bewältigung von Einsamkeit bedarf weiterer Lösungswege, das bloße Ermöglichen von Kontakten reicht häufig nicht. Der inneren Haltung kommt hier eine wichtige Bedeutung zu. Diese auf Erfahrungen, Bedürfnissen und Werten beruhende innere Einstellung eines jeden Menschen bestimmt den Umgang und das Erleben von Einsamkeit. Unsere innere Haltung hat viele Aspekte und hängt stark mit unserem Erleben von Einsamkeit zusammen.

Selbstwert

Selbstwert und Selbstliebe sind grundlegende Elemente unserer inneren Verfassung. Wie notwendig diese für ein glückliches Leben sind, wird immer wieder betont. Deshalb überrascht es nicht, dass einsame Menschen in Untersuchungen auch tendenziell von geringerem Selbstwert berichten als Menschen, die sich nicht einsam fühlen (Luhmann & Buecker 2019, Coyle & Dugan 2012).

Bei Adalbert, der sich oft einsam fühlt, führt der eigene Selbstwert sogar dazu, dass er Kommunikation in der digitalen Welt bevorzugt. Er sagt: »Für mich ist es zum Beispiel ein Vorteil, dass man sich da nicht sieht und hört, weil mein Selbstbild so schlecht ist.«

Selbstwirksamkeit

Selbstwirksamkeit bezeichnet den Glauben an die eigenen Fähigkeiten und trägt entscheidend dazu bei, dass ich in der Lage bin, bestimmte

Situationen zu meistern. Eine geringe Selbstwirksamkeit hängt mit Einsamkeitsgefühlen zusammen (Luhmann & Buecker 2019).

Oft wird Einsamkeit als eine Art Kontrollverlust über das eigene Leben beschrieben. Menschen fühlen sich nicht mehr in der Lage, über wichtige Teile ihres Lebens selbst zu bestimmen. Sie werden dann zu passiv Beobachtenden. So kann das Gefühl entstehen, außen vor und nicht verbunden mit dem eigenen Leben zu sein.

Das Erleben des eigenen Handelns hat einen nachweislich schützenden Effekt in Bezug auf Einsamkeitsgefühle. Für viele Menschen bedeuten ihre Hobbys etwas Sinnstiftendes, sie können sich selbst und ihre Gedanken vergessen, in eine andere Welt eintauchen und sich gleichzeitig ausdrücken und ausleben.

Empathie, Einfühlsamkeit und Selbstreflexion

Eine starke innere Haltung deutet sich in vielen Studien als Schutzfaktor an. Lee u. a. (2019) beschreiben explizit die schützende Wirkung von Empathie, Einfühlsamkeit und Selbstreflexion. Menschen, die diese Fähigkeiten in ihrem Leben verankert haben, fühlen sich – ungeachtet anderer Risikofaktoren – weniger einsam.

Empathie und Einfühlsamkeit sind wichtige Schlüssel in der Kommunikation mit anderen Menschen – sie helfen uns dabei, uns in die Lage der anderen Person hineinzuversetzen. So können wir spüren, was die andere Person fühlt. Empathie bedeutet, das Gegenüber und dessen Gefühle ernst zu nehmen. Auf diese Weise kann echte Verbundenheit entstehen.

Wer dann noch über die Fähigkeit zur Selbstreflexion verfügt, denkt über das eigene Handeln nach und ist in der Lage, es anzupassen, wenn es erforderlich scheint. So sind die Weichen für gute Kommunikation gestellt.

Innere Glaubenssätze

»Meine Freunde haben keine Zeit und keine Lust, sich immer meine Probleme anzuhören.« »Ich bin Single, weil ich nicht liebenswert genug bin.« »Wäre ich schlanker und sportlicher, wäre ich viel beliebter.« – In uns allen stecken solche inneren Überzeugungen, sogenannte Glaubenssätze, die uns mal mehr und mal weniger bewusst sind. Sie haben einen enormen Einfluss auf unsere Gefühlswelt und auf unsere Beziehungen. Solche eher pessimistischen Glaubenssätze führen zu negativen Gefühlen und einer negativen Wahrnehmung des Erlebten – letztendlich zu einer als traurig erlebten Realität. Wärme, Optimismus und Wohlwollen im eigenen Denken hingegen führen zu positivem Erleben.

Folgende Sätze wirken sich positiv auf unsere innere Haltung aus:

- »Meine Freunde sind für mich da – auch wenn es mir nicht gut geht.«
- »Ich wünsche mir eine Beziehung, bin aber auch ohne liebenswert und kann trotzdem glücklich sein.«
- »Mein Körper ist ein Teil von mir und muss keine bestimmte Form haben. Das Wichtigste ist, dass ich mich wohl und gesund fühle.«

MERKE Die innere Haltung bestimmt in maßgeblicher Weise, wie wir mit negativen Gefühlen umgehen. Grübeln, Schuldzuweisungen und das Verstricken in negative Glaubenssätze führen zu einer Verschlimmerung der Situation und zu einem sogenannten Teufelskreis.

Ein psychologischer Teufelskreis

BEISPIEL LARISSA

Wenn es mir nicht gut geht und ich mich zurückziehe, ist das wie so ein Teufelskreis. Dann sehe ich natürlich weniger Leute und das verstärkt meine negative Stimmung zusätzlich. Dann kann schon so ein Einsamkeitsgefühl auftreten. Und ich weiß, dass das nicht so gut ist, aber der Schritt daraus, der ist manchmal schwieriger, als man denkt.

Genau wie Larissa spricht auch die Forschung von einem Teufelskreis, der in der Einsamkeit entstehen kann. Gerade wenn die innere Haltung eher negativ geprägt ist, besteht dieses Risiko. Lang anhaltende Einsamkeitsgefühle können in eine regelrechte Unglücksspirale führen, wenn sie Gedanken, Wahrnehmungen und Verhaltensweisen beeinflussen. So nehmen Menschen, die sich ständig einsam fühlen, ihre Umwelt wesentlich negativer und feindseliger wahr als andere. Sie haben eine erhöhte Aufmerksamkeit für soziale Bedrohungen und verstricken sich oft in negativen Interpretationen ihrer Umwelt. Dies kann dazu führen, dass einsame Menschen sich von ihrer Umwelt abwenden und sich zurückziehen. Es kommt auch vor, dass Menschen, die von ihren Einsamkeitsgefühlen in solcher Weise geprägt sind, ein offen feindseliges Verhalten an den Tag legen und so auf die selbst empfundenen Bedrohungen reagieren.

Das kann zur Folge haben, dass sich das Umfeld von diesen Menschen abwendet – es entsteht der Eindruck, dass der einsame Mensch keinen Kontakt will. Auf diese Weise verstärkt sich sowohl die soziale Isolation als auch die Einsamkeit. So kann die Einsamkeit genau zum

Gegenteil von dem führen, was sie ursprünglich als evolutionäres Gefühl bewirken sollte. Denn eigentlich sollte uns dieses Gefühl dazu animieren, wieder Kontakt zur schützenden Gruppe aufzunehmen.

Aus so einem Teufelskreis kommt man nur sehr schwer heraus. Für viele Menschen ist professionelle psychologische und psychotherapeutische Hilfe das Einzige, was ihnen aus der Spirale heraushelfen kann (Luhmann 2021). Wie wir im vorigen Kapitel gesehen haben, stehen Einsamkeit und psychische Erkrankung in einem engen und wechselseitigen Verhältnis zueinander. Das untermauert den Appell, psychologische Hilfe als eine Option für den Umgang mit starken Einsamkeitsgefühlen mitzudenken. Denn gesellt sich zu dem Gefühl von Einsamkeit auch noch eine depressive Verstimmung, wird der Ausstieg aus so einem Teufelskreis umso schwerer.

Und auch die Scham, die mit Einsamkeit einhergeht, begünstigt diesen Teufelskreis. Sie erhöht die Hemmschwelle, über die eigenen Gefühle zu reden und fördert somit die Tendenz des Rückzuges, der sich bei starken Einsamkeitsgefühlen zeigt (s. Abbildung 1).

Verbundenheit und Resonanz

Menschen geben auch an, sich einsam zu fühlen, wenn sie mit anderen zusammen sind. Diese Momente scheinen besonders schmerzhaft zu sein. Die Tatsache, dass Menschen um einen herum sind und dennoch ein Gefühl der Einsamkeit entsteht, wird offenbar als ein besonders unangenehmer Widerspruch empfunden. In den Gesprächen für dieses Buch wurden auch solche Momente beschrieben.

ABBILDUNG 1 Abwärtsspirale der Einsamkeit (nach Luhmann 2021)

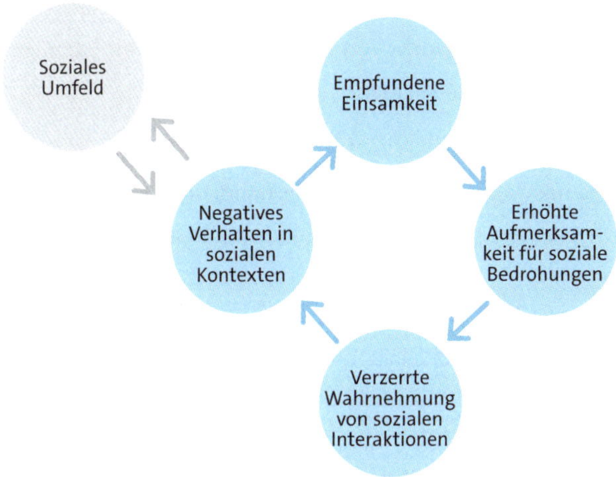

BEISPIEL MANUELA

Ja, das kenne ich natürlich, dass man sich auch einsam fühlen kann, wenn man mit anderen zusammen ist. Ich kenne das zum Beispiel von Partys, wenn ich da niemanden kenne und keinen Draht zu jemandem finde. Ich weiß, das ist normal und passiert jedem mal, ich empfinde das aber aus irgendeinem Grund als sehr unangenehm und möchte dann am liebsten einfach nur weg. Und auch wenn ich bei meinen Eltern bin, ist es für mich manchmal so, dass ich mich unverstanden fühle. Ich habe oft das Gefühl, dass das, was ich eigentlich gut an mir finde und worauf ich stolz bin, dort gar nicht gesehen wird. Ein Beispiel: Meine Eltern könnten nicht sagen, was ich studiert habe. Das ist, denke ich, einfach auch zu weit weg von ihrer Lebenswelt und deshalb fällt es ihnen schwer, sich das zu merken. Oder ich erzähle von meinen Freizeitaktivitäten, Reisen usw. Auch da habe ich das Gefühl, das interessiert sie nicht wirklich. Und das hat auch alles seine Gründe. Trotzdem entsteht so ein starkes persönliches Gefühl, dass sie sich nicht für mich interessieren und da keine richtige Verbindung ist. Dann fühle ich mich einsamer, als wenn ich allein bin.

Larissa kennt dieses Gefühl der Unverbundenheit auch manchmal von sich, wenn sie gerade mit Freundinnen zusammen ist.

BEISPIEL LARISSA

Mir fällt es nicht immer leicht, über ganz persönliche Sachen zu reden. Und wenn ich es dann nicht schaffe, das auszusprechen, was mich eigentlich beschäftigt, dann kann es auch sein, dass ich mich unter Freunden einsam oder allein fühle. Wenn ich dann doch mal über meinen Schatten springe und über Persönliches spreche, merke ich, wie gut das tut und dann können die negativen Gefühle auch wieder verschwinden.

Larissa kennt diese Art von Einsamkeit auch aus dem Arbeitskontext:

BEISPIEL LARISSA

Es gab Situationen auf der Arbeit, die ganz merkwürdig waren. Wo Klienten gekündigt wurden von jetzt auf gleich und ich nicht fand, dass das alles mit rechten Dingen zugegangen ist. Und das macht mich dann schon wütend und danach kann ich natürlich versuchen, das zu diskutieren mit einem Kollegen, aber wenn wir da nicht auf einen Nenner kommen, dann ist es besser, dass ich mich erst mal zurückziehe. Wenn ich mit meiner Meinung in solchen Situationen ganz allein bin, hat das schon was mit Einsamkeit zu tun. Ich weiß auf meiner Arbeitsstelle auch nicht so richtig, mit wem ich darüber reden soll. Ist jemand komplett anderer Meinung, finde ich es schwierig, darüber zu sprechen. Das bringt einfach nichts, wenn die Auffassungen so unterschiedlich sind, dass da überhaupt kein Verständnis für den anderen da ist. Es würde sich schon gut anfühlen, wenn jemand da wäre, der meine Ansicht teilt.

Manuela und Larissa fehlte in diesen Situationen die Resonanz – das Gefühl, sich mit den anderen Menschen wohl und verbunden zu fühlen. Welche Voraussetzungen müssen gegeben sein, um Resonanz zu fühlen? Zwei Aspekte scheinen besonders wichtig zu sein:

- Ich kann erzählen, was mich bewegt und fühle mich verstanden.
- Ich fühle mich wertgeschätzt.

Beziehungen, in denen das gegeben ist, tun uns gut und schützen in besonders hohem Maße vor Einsamkeit. Natürlich sind auch die eigene Bereitschaft, Offenheit und Mut wichtig, um Verbundenheit und Resonanz zuzulassen, wie an Larissas Beispiel deutlich wird.

Auch Jana bringt das Gefühl der Einsamkeit mit Unverbundenheit zusammen und beschreibt sehr plastisch:

BEISPIEL JANA

In Situationen, in denen ich mich einsam fühle, habe ich den Eindruck, als würde ich von außen auf die Situation draufgucken. Ich fühle mich abgekapselt. Ich fühle mich so, als würde ich als ganze Person außen stehen. Und dann fühle ich mich auch zu einem Teil abgekapselt von mir selbst. Ein Teil von mir ist noch in der Situation und ein anderer Teil guckt von außen drauf.

Hier wird deutlich, wie sehr das Verhältnis zu sich selbst das Einsamkeitserleben bestimmt. In Momenten der Einsamkeit fühlt Jana sich nicht einmal mehr mit sich selbst verbunden. Das kann umgekehrt bedeuten, dass in einer guten Verbindung zu dir selbst das Risiko, schmerzhafte Einsamkeit zu erleben, sinkt.

Persönlichkeitsfaktoren

Der Zusammenhang zwischen der Persönlichkeit eines Menschen und Einsamkeitsgefühlen ist (noch) nicht intensiv untersucht. Es deutet sich an, dass einige Charaktereigenschaften das Risiko, von Einsamkeitsgefühlen betroffen zu sein, tatsächlich erhöhen – auch wenn die Thematik zu komplex ist, als dass hier eine klare Ursache-Wirkung-Beziehung auszumachen wäre.

Es gibt Hinweise darauf, dass Introvertierte häufiger unter Einsamkeit leiden als extrovertierte Menschen. Depressive Gefühle und Stressanfälligkeit führen ebenfalls zu einem höheren Risiko. Anpassungsfähigkeit und das Streben nach Verträglichkeit haben – im Gegensatz zu konkurrenzgeprägtem Denken – laut Buecker u. a. (2020 b) einen leicht schützenden Effekt. Auch Menschen mit ausgeprägtem Freiheitswunsch und dem Wunsch, sich wohlzufühlen, erleben weniger Einsamkeitsgefühle als andere (splendid research 2019).

Dabei dürfen wir nicht vergessen, dass Menschen sehr komplexe und vielschichtige Charaktere sind. So wie Adalbert, der sich gar nicht »entscheiden« kann, welche Charaktereigenschaften er sich zuschreiben soll:

BEISPIEL ADALBERT

Ich bin nicht gesellig oder kontaktfreudig, offen bin ich aber schon – nur eben in wenigen, ausgewählten Kontakten. Im Allgemeinen bin ich nicht so offen nach außen hin. Aber in der kleinen Runde bin ich weniger zurückhaltend. Gewählt extrovertiert würde ich sagen.

MERKE Menschen haben unterschiedliche und nicht immer stringente Charaktereigenschaften. Dies kann das Risiko für Einsamkeitsgefühle beeinflussen.

Einsamkeit als Reaktion auf frühe Kindheitserlebnisse

Einige Menschen sind aufgrund früher Erlebnisse in der Kindheit eher von Einsamkeitsgefühlen betroffen als andere. Durch negative Erfahrungen in dieser prägenden Lebensphase kann das Urvertrauen, das wir der Welt entgegenbringen, ernsthaft und dauerhaft geschädigt werden. Oft führt dies dann zu einem generellen Gefühl der Leere und der Vereinsamung, für das Betroffene keinen konkreten Grund nennen können (Brähler 2020). So ging es auch Manuela in der Vergangenheit.

BEISPIEL MANUELA

An einem Punkt in meinem Leben konnte ich nicht mehr mit meinen Gefühlen umgehen und habe mich ständig einfach nur traurig gefühlt. Anlass war eine gescheiterte Beziehung. Deshalb habe ich eine Therapie angefangen. Diagnostiziert wurde eine depressive Episode. In der Therapie kam dann immer mehr hervor von meinen aktuellen Gefühlen. Und es zeigte sich, dass ich große Vertrauens- und Bindungsprobleme hatte. Das hätte ich von mir selbst eigentlich gar nicht so gedacht. Wir sind schon in der ersten Therapiesitzung darauf gekommen, dass hinter meiner Trauer über die Beziehung eigentlich verletzte Gefühle aus meiner Kindheit stecken. Ich erinnerte mich an einzelne Situationen mit meinem Vater und auch mit meiner Mutter. Ich habe unglaublich viel geweint – es war, als ob ich alles noch mal erlebe. Und langsam wurde es immer besser. Ich fühlte mich insgesamt stabiler. Über die Beziehung, die mich ursprünglich in diese Therapie geführt hat, habe ich fast gar nicht mehr nachgedacht. Ich fühlte mich einfach irgendwann befreit.

Manuela hat gelernt, ihre eigenen Gefühle, auch die aus der Vergangenheit, anzuerkennen, zuzulassen und sogar loszulassen. Sie hat durch die Psychotherapie einen Zugang zu ihnen gefunden – diese Fähigkeit wird auch als Selbstmitgefühl bezeichnet. Einigen Menschen gelingt es auch, sich diese Kompetenz selbst anzueignen. Zu diesem Thema gibt es mittlerweile eine Fülle an Selbsthilfebüchern.

Menschen, die Selbstmitgefühl leben können, sind eher in der Lage, die eigenen Gefühle und Bedürfnisse zu erkennen und können für sich selbst sorgen. Sie erwarten dies nicht in erster Linie von anderen Menschen, sondern vor allem von sich selbst und übernehmen für sich Verantwortung. So kommt es, dass Menschen mit einem hohen Maß an Selbstmitgefühl eher in stabilen und sicheren Beziehungen leben, in denen alle Beteiligten zufriedener sind (Brähler 2020). Und so stellt sich ein Schutz gegen Einsamkeit ein.

MERKE Auch belastende Gefühle, die aus der Kindheit herrühren, können im Lauf des Lebens bearbeitet und verändert werden – hin zum Positiven und Liebevollen.

Professionelle Maßnahmen und Hilfsangebote

Hat der Leidensdruck durch Einsamkeit erst einmal ein gewisses Maß überschritten, ist der Weg zu mehr Wohlbefinden kaum mehr allein zu schaffen. Gerade beim Thema Einsamkeit gibt es oft viele gut gemeinte Ratschläge. »Sei doch einfach mal etwas offener« ist so ein Ratschlag, der oft leichtfertig dahergesagt wird. Das ist natürlich eine sinnvolle Aufforderung, aber manchmal sind das persönliche Leiden und das emotionale Tief, in dem eine Person steckt, so ausgeprägt, dass sie ohne professionelle Hilfe nicht mehr herauskommt. Und dann ist es eben nicht mehr »einfach«, offener zu sein. Die von mir interviewten Personen haben auch davon berichtet, wie ihnen die Hilfe von professionellen Begleitenden in einsamen Phasen geholfen hat.

BEISPIEL ADALBERT

Und nach der Trennung von meiner Ex-Freundin vor sechs Jahren war es auch sehr schlimm. Das hat mich ein Jahr richtig mitgenommen. Meine Psychologin hat mir dann den Vorschlag gemacht, eine Zeit lang in die Tagesklinik zu gehen, und ich habe zugestimmt. Ich habe dann jeden Tag zu Hause Abendbrot gegessen und geschlafen, frühmorgens habe ich das Haus verlassen und war dann tagsüber bis abends in der Tagesklinik. Dadurch, dass das so ein safe space war und für diese sechs oder acht Wochen der Fokus nur darauf lag, dass ich mich um mich kümmere, ging es mir besser. Und ich hatte auch einen sehr sehr guten Therapeuten. Die Tagesklinik hat geholfen, ich hatte sehr viele Aufgaben. Ich musste mich meinen Emotionen stellen. Und meinem Kopf wurde widersprochen und man hat mir erklärt, wie dumm Gedanken auch sein können. Das ist nämlich ein großer Unterschied. Ich und mein Kopf mit seinen Gedanken. Manchmal.

BEISPIEL RAIKA

Du bist dann völlig angewiesen auf äußere Unterstützung. Und diese Unterstützung waren in meinem Fall deutsche Lehrkräfte. Das war eine wunderbare Unterstützung und Hilfe. Und ich habe das Gefühl, dass ich mich hier nicht mehr einsam gefühlt habe, seitdem ich die Sprache einigermaßen kennengelernt hatte. Und natürlich waren da diese wunderbaren Lehrkräfte, sodass ich das Gefühl hatte, nicht allein zu sein. Auch wenn wir anfangs die Sprache nicht konnten, wusste ich, dass das Menschen sind, die mich unterstützen würden, wenn ich mit meiner Trauer damals nicht klarkam. Der Verlust der Heimat ist für mich bis heute ein sehr trauriges Ereignis. Aber die Lehrkräfte konnten das sozusagen fühlen und mich begleiten. Ab dem Zeitpunkt hat sich eigentlich mein Leben komplett zum Positiven gewandelt. Ein bis zwei Jahre hat es gedauert, bis es dann besser wurde. In dieser Zeit habe ich auch Freunde in der Klasse gefunden.

Für die Problematik der Einsamkeit wurden zielgerichtete Interventionen erarbeitet, die Einsamkeitsgefühle verringern können. Sie lassen sich in vier Kategorien aufteilen (Masi u. a. 2011). Es gibt Interventionen, die

- soziale Unterstützung fördern sollen (beispielsweise Einkaufs- oder Besuchsdienste für isolierte Menschen),
- mehr Möglichkeiten für soziale Kontakte schaffen sollen (z.B. Teilnahme an Nachbarschaftstreffs, Aufsuchen von Begegnungsorten),
- soziale Kompetenzen stärken sollen (z.B. Kommunikationstraining),
- die Einstellungen zu sozialen Kontakten verändern und positiver gestalten sollen (z.B. Psychotherapien).

Es stellte sich heraus, dass die letzte Kategorie die effektivste ist. An den eigenen Denkmustern und Bewertungen zu arbeiten, ist die erfolgversprechendste Strategie gegen Einsamkeit. Das mag daran liegen, dass die innere Haltung Bedingung für die Bewertung der äußeren Umstände ist. Bei dem Versuch, Einsamkeit von außen zu verändern und zu verringern, wird oft übersehen, dass bei vielen Menschen ein inneres Gefühl der Einsamkeit weiter anhält, das von außen nicht erreicht wird.

MERKE Es ist wichtig, die eigene Situation zu kennen und einzuschätzen, wie stark die negativen Gefühle sind, um gegebenenfalls professionelle Hilfe zu suchen. Eine Psychotherapie ist für viele Menschen eine geeignete und notwendige Hilfe, ohne die sich die Wahrnehmung und Bewertung der Lebenssituation nicht verändern wird. Gerade wenn Einsamkeit, Depressionen und andere seelische Erkrankungen sich verschränken, ist dieser Weg dringend anzuraten.

Fazit

In diesem Kapitel haben wir gesehen, dass Einsamkeitsgefühle sehr eng mit unserer inneren Verfassung, unseren Denkmustern, Bewertungen, unserem inneren Erleben zusammenhängen. Dass die frühen Erfahrungen auch eine Rolle spielen, betont die Wichtigkeit der präventiven Arbeit auf diesem Gebiet. Die Funktionsweise des Teufelskreises der Einsamkeit zeigt zudem, dass einsame Menschen sich oft zurückziehen und nur schwer durch Bemühungen und Aktionen von außen erreicht werden können.

Es geht darum, Strategien für einen Umgang mit diesem manchmal überwältigenden Gefühl zu vermitteln – und zwar möglichst früh. Die Gefühlsregulation ist ein entscheidender Faktor bei einem Umgang mit Einsamkeit und entsprechende Strategien und Fertigkeiten sollten erlernt und verinnerlicht werden, damit Menschen mit dem Gefühl der Einsamkeit möglichst gesund umgehen lernen und es für sich deuten können. Gefühlsregulation wird bereits bei verschiedenen psychischen Erkrankungen explizit trainiert, beispielsweise bei der Borderline-Erkrankung.

MERKE Gefühlsregulation ist eine wichtige psychische Fähigkeit beim Umgang mit Einsamkeit.

Welche Lebenssituationen machen einsam?

Neben den individuellen psychologischen Faktoren wie unseren inneren Glaubenssätzen und Überzeugungen haben auch unsere direkten

Lebensumstände einen großen Einfluss auf unser Einsamkeitserleben. Wie leben und wohnen wir? Wie wirken sich finanzielle Ressourcen, Geschlecht, Alter und andere Faktoren auf unser Einsamkeitserleben aus? Im Folgenden werden Lebenssituationen, die zu Einsamkeit führen können, im Detail vorgestellt. In dieser Hinsicht gibt es besonders viele Vorurteile bezüglich Einsamkeit: Als einsam gelten oft die Älteren und Menschen in Großstädten. Zudem stehen die digitalen Medien unter dem Verdacht, Einsamkeit zu fördern.

Die vermeintliche Einsamkeit der Singles

Kaum eine Lebensform wird so eng mit der Einsamkeit verknüpft wie das Singledasein. Eigentlich müssten doch alle Singles einsam sein, so wird einem suggeriert. Die Onlinevermittlung »Parship« spielt mit diesem Vorurteil wie keine andere Institution und warb in der Vergangenheit mit Slogans wie »Single ist Tütensuppe – Liebe ist Candle Light Dinner«; »Single ist Autofahren – Liebe ist Roadtrips«; »Single ist Wecker – Liebe ist wachgeküsst«; »Single ist Bauch-Beine-Po – Liebe ist Herz«. All das soll den Lesenden vermitteln: Mit einer Partnerschaft ist dein Leben schön und erfüllt, ohne eine Partnerschaft langweilig, traurig und leer. So prägt »Parship« das Bewusstsein einer ganzen Gesellschaft und fördert Selbstzweifel und Minderwertigkeitsgefühle bei vielen Singles. Viele Menschen fühlen sich unter Druck, einen anderen Menschen zu finden, mit dem sie eine Beziehung führen können – aus Angst, einsam zu sein oder als einsam zu gelten. Andererseits sind tatsächlich viele Menschen unfreiwillig Single und wünschen sich eine intime Partnerschaft.

Manuela hat hier ein differenziertes Gefühl.

BEISPIEL MANUELA

Ich lebe jetzt in einer wunderbaren Beziehung und war davor recht lange Single. Und natürlich habe ich mich da oft nach einer Beziehung gesehnt. Ich glaube, fast jeder Mensch kennt das Gefühl, dass man sich abends einfach gerne an jemanden kuscheln würde. So eine Art Vertrauensperson habe ich schon vermisst in meiner Single-Zeit. Ich würde mich im Nachhinein aber trotzdem nicht als einsam bezeichnen. Ich habe gute Freundschaften und die sind so viel wert – auch wenn da vereinzelte Momente von Einsamkeit sind. Und was mir auch schon klar war als Single: Ich brauche keine Beziehung um jeden Preis. In meinem Umfeld sehe ich genug Beziehungen, wo ich denke, allein leben wäre gesünder.

Die Forschung kann die Aussage »Single gleich einsam« so einfach tatsächlich nicht bestätigen. Es gibt unterschiedliche Ergebnisse zu diesem Aspekt. Eine Ehe oder eine Partnerschaft scheint in der Tat vor Einsamkeit zu schützen (Luhmann 2021; Lee u. a. 2019). Es gibt aber einige Vorteile des Alleinlebens: Singles legen mehr Wert auf einen Freundeskreis und pflegen hier stabile und erfüllende Beziehungen. Das ist eine sehr große Ressource neben der intimen Zweierbeziehung, und sie eröffnet eine Vielfalt an zwischenmenschlichen Begegnungen und Erlebnissen (Heylen 2010).

Allerdings erzeugt die Corona-Pandemie hier eine besondere Dynamik und es gibt Hinweise darauf, dass die Einschränkungen und Kontaktverbote für Alleinstehende besonders hart sind (Lippke u. a. 2021). Die sozialen Kontakte, die sie vorher außerhalb ihres Zuhauses pflegen konnten, brechen weg.

SCHON GEWUSST?

Sehr interessant ist, was Lippke und ihre Mitforschenden (2021) herausgefunden haben: nämlich, dass Frauen sich in einer Partnerschaft tendenziell einsamer fühlen als Männer. Männer haben dagegen als Single höhere Einsamkeitswerte als alleinlebende Frauen. Diese Unterschiede werfen viele Fragen auf. Gestalten Männer und Frauen ihr Single-Leben tendenziell anders? Haben sie unterschiedliche Erwartungen an Beziehungen? Hier gibt es noch viel zu ergründen.

Verwitwung ist ein besonderes Risiko → Verwitwung geht in den meisten Fällen mit erhöhten Einsamkeitsgefühlen einher. Dies scheint nur logisch, wenn man bedenkt, dass viele ältere Menschen einen Großteil ihres Lebens mit einer Person verheiratet waren und sich in dieser Zeit in vielen Lebensbereichen unterstützt haben.

In meiner Arbeit beim Kommunalen Sozialdienst ist mir dieses Phänomen schon mehrfach begegnet.

BEISPIEL

In einem Fall hatte ich Kontakt mit der 78-jährigen Frau Kowalski, die – wie es in dieser Generation noch viel häufiger der Fall war – seit ihrem 20. Lebensjahr mit ihrem Ehemann verheiratet war. Ihr Ehemann hatte in der Ehe und dem gemeinsamen Leben stets die klassische »Versorger«-Rolle eingenommen und sich auch um den anstrengenden »Papierkram« gekümmert, während Frau Kowalski vor allem für den Haushalt und die Kindererziehung zuständig war. Herr Kowalski erlitt einen Schlaganfall und ist schon bald an den Folgen gestorben. Nun lebt Frau Kowalski allein und muss sich um alles kümmern, was vorher ihr Ehemann geregelt hat. Bei vielem konnte der Kommunale Sozialdienst sie unterstützen, vor allem bei den organisatorischen Dingen. Da Frau Kowalski immer eher der »soziale« Teil der Ehe war, Freundschaften gepflegt hat, und sich auch in der Nachbarschaft engagiert, hatte sie durchaus einige Ansprechpersonen, mit denen sie über ihren Verlust sprechen konnte. Trotzdem blieb für Frau Kowalski das Gefühl von Einsamkeit bestehen. Ihre engste Bezugsperson, mit der sie stets ihren Alltag verbrachte, war nicht mehr an ihrer Seite.

Insofern ist es wichtig, diese Gruppe in Konzepte zu integrieren und ihr spezielles Risiko mitzubedenken, sollten in zukünftigen Szenarien wieder Kontaktbeschränkungen nötig sein.

Einsamkeit in Beziehungen

Menschen können auch in Beziehungen Einsamkeit empfinden. Genauso wie Singles nicht automatisch als einsam gelten sollten, so darf Menschen, die in Partnerschaften leben, dieses Gefühl nicht von vornherein abgesprochen werden.

Romantische Filme oder Bücher funktionieren oft so, dass zwei Menschen im Lauf der Geschichte unter großen Anstrengungen, turbulenten und schicksalshaften Entwicklungen zueinanderfinden. Dann wird meist das »Happy End« bekannt gegeben – da hat sich am Motto »... und sie lebten glücklich bis ans Ende ihrer Tage« aus den Märchen, denen viele von uns als Kinder gelauscht haben, nicht viel geändert. Eine Beziehung wird nicht selten mit solchen Erwartungen besetzt.

Gerade wenn wir über eine längere Zeit mit einem Menschen eine Beziehung führen, erleben wir sowohl die schönen als auch die belastenden Seiten der Liebe und des Lebens miteinander. Jede Beziehung kann auch Phasen der Konflikte und Gefühle des Unverstandenseins durchlaufen. Eines der Risiken für eine Beziehung stellt die Depression dar. Ist jemand in der Beziehung erkrankt, sind alle Beteiligten betroffen. So können leicht Einsamkeitsgefühle entstehen.

Jeannette Bischkopf (2019) hat über das Leben mit depressiv Erkrankten geschrieben, in dem sie die Lebenswelt und das Einsamkeitsrisiko dieser Angehörigengruppe versiert und einfühlsam beschreibt:

> *»Die Depression bedeutet den Verlust des gemeinsamen Alltags, der gewohnten familiären Abläufe. In Untersuchungen mit unterschiedlichen Angehörigengruppen ergab sich, dass Depressionen aus der Sicht der Angehörigen das Familienleben stärker beeinträchtigen als Alkoholabhängigkeit, Schizophrenie, bipolare Störungen, Angststörungen oder Anpassungsstörungen. Eine Depression hat nach Ansicht der Patienten und ihrer Partner einen stärkeren Einfluss auf das partnerschaftliche Zusammenleben als körperliche Erkrankungen wie zum Beispiel Rheuma oder eine Herzerkrankung. […] Besonders schwer zu ertragen ist für Angehörige an einer Depression, dass der Kranke zwar körperlich da ist, aber geistig in einer ganz anderen und eigenen Welt lebt, dass er gleichzeitig so nah und doch so fern ist, dass er unerreichbar ist. Wird der depressiv Erkrankte stationär behandelt, dann bedeutet allein die Abwesenheit des depressiven Angehörigen einen Einschnitt im Familienleben. Ist er zu Hause, wird er als abwesend, verschlossen und zurückgezogen erlebt. Der depressive Rückzug kann zum Beispiel bedeuten, mit den Mahlzeiten allein zu sein, den Tag allein zu beginnen, allein zu frühstücken, allein zu kochen und allein zu spülen. […] Den Tisch nicht mehr für zwei decken, obwohl zwei da sind, steht oft symbolisch für eine zunehmende Vereinsamung in der Beziehung.« (Bischkopf 2019, S. 76 f.)*

Bischkopf rät den Angehörigen, sich bewusst Zeit für sich allein zu nehmen. Aktivitäten und Kontakte außerhalb der Beziehung mit der erkrankten Person können guttun und stärken. Auch sich jemandem anzuvertrauen und über die Probleme in der Partnerschaft zu sprechen, kann ein wichtiger Schritt sein. Das bedeutet nicht, die andere Person zu verraten.

Vielfalt der Lebensformen

Lange Zeit war die klassische Paarbeziehung zwischen einem Mann und einer Frau der Standard in unserer Gesellschaft. Andere Formen des Zusammenlebens wurden und werden gesellschaftlich noch nicht gleichermaßen anerkannt.

Doch die Gruppe der Alleinstehenden wächst immer weiter. Laut Daten des Statistischen Bundesamtes hat sie den stärksten Zuwachs zu verzeichnen, wie die Bundeszentrale für Politische Bildung darlegt (Bundeszentrale für Politische Bildung 2022).

Es ist ein Paradox, dass immer mehr Menschen ohne feste Partnerschaft leben, diese Lebensform aber immer noch als weniger wertvoll oder erfüllend betrachtet wird. Daniel Schreiber (2021, S. 15 f.) führt diesen Widerspruch in seinem Essay »Allein« aus:

»Die wahrscheinlich letzte große Erzählung, die diesen Zeitenwandel überlebt hat, ist die der romantischen Liebe. Zumindest in Ansätzen. Natürlich lassen wir jede ›göttliche‹ oder ›natürliche‹ Ordnung der Geschlechter, deren Teil diese große Erzählung lange war, immer mehr hinter uns. Natürlich hat sich auch das, was wir unter Liebe verstehen, fundamental gewandelt. […] Dennoch hat die Idee der Liebe nur wenig von ihrer Sogkraft verloren. Immer noch steht sie

im Fokus unserer kollektiven Fantasien und hat einen festen Platz in unserem persönlichen Erwartungshorizont. Immer noch ist sie das, was sich die meisten Menschen wünschen, das, worauf sie hoffen, ist der vielleicht wesentlichste Bestandteil dessen, was sie unter Glück verstehen. Für die meisten fühlt sich ein Leben ohne die Intimität der Liebe nicht vollständig, nicht erfüllt an, wie ein Leben, dem etwas fehlt. […] Auch das Fehlen einer Liebesbeziehung wird in der Regel als solch ein persönliches Scheitern wahrgenommen, als eine Folge mangelnder Attraktivität, mangelnden wirtschaftlichen Erfolgs, mangelnder physischer Fitness. Diese in der Luft liegenden Annahmen schlagen einem überall entgegen, wenn man allein lebt, nicht zuletzt in den Gesichtern anderer Menschen, in ihrem Mitleid, ihrer Scham oder ihrer heimlichen Freude, dass es ihnen selbst besser geht. Vielleicht ist diese Wahrnehmung auch ein Grund dafür, dass wir immer noch viel zu wenig über den Alltag und die psychische Verfassung alleinlebender Menschen wissen. […] Die Bandbreite unterschiedlicher Lebensentwürfe ist so viel größer, traditionelle familiäre Bindungen haben sich gelockert. […] Viele von uns haben sich freiwillig oder unfreiwillig von der großen Erzählung der Liebe verabschiedet, obwohl wir vielleicht immer noch an sie glauben.«

MERKE Die oft schnell getroffene Annahme, dass Singles grundsätzlich eher unter Einsamkeit leiden, lässt sich nicht so einfach bestätigen. Auch die anderen Lebensumstände müssen hier betrachtet werden, beispielsweise das Eingebundensein in soziale Netzwerke. Entscheidend ist, wie wir das Leben als Single oder in der Partnerschaft gestalten und was wir uns im Leben wünschen.

»Lieber einsam als gemeinsam: Single-Haushalte in NRW boomen.« So lautete eine Schlagzeile der Ruhrnachrichten im Mai 2021 (Schuster 2021). Das Alleinwohnen wird u. a. wegen solcher Schlagzeilen, genau wie das Singledasein, oft mit Einsamkeit verknüpft.

Statistisch nimmt die Anzahl der Einpersonenhaushalte in ganz Deutschland zu (Statistisches Bundesamt 2022). Doch bedeutet das automatisch, dass aufgrund dessen auch die Einsamkeitszahlen in die Höhe schnellen? Oft ist das Alleinwohnen kein ungewollter Schicksalsschlag, sondern selbst gewählt. Die Verkleinerung der Haushalte in Deutschland müsste demnach nicht zwingend mit Vereinsamung einhergehen (Neu & Müller 2020).

Hawkley & Kocherginsky (2018) finden in ihrer Studie tatsächlich heraus, dass Wohnsituation und Einsamkeitsgefühle für die von ihnen untersuchten Personen nur bedingt einen Zusammenhang aufweisen. So stellen sie auch fest, dass das Alleinwohnen oft dazu führt, dass die von ihnen befragten Menschen ein tendenziell aktiveres Sozialleben führen, sich häufiger in Gruppen treffen und viel Unterstützung von Familie und Freunden erfahren. Durch die Einschränkungen der Pandemie wurden Alleinwohnende auch aus diesen Gründen so stark getroffen – die Sozialkontakte, die sie sonst außerhalb der eigenen Wohnung gesucht und genossen haben, waren einige Zeit lang kaum möglich.

Für Adalbert ist das Alleinwohnen die liebste Wohnform. Aktuell lebt er allerdings bei seinen Eltern und erzählt davon:

BEISPIEL ADALBERT

Das klingt jetzt wie ein Widerspruch, aber dass ich mich einsam fühle, hängt damit zusammen, dass ich nicht allein wohne. Vor

Corona bin ich das letzte Semester wieder zurück in die Stadt gezogen, seit Corona wohne ich wieder bei meinen Eltern und jetzt fehlt mir total das Alleinwohnen. Ich fühlte mich nicht einsam in der Zeit, als ich allein gewohnt habe. Da hatte ich genug Zeit und Freiheit, mich um mich zu kümmern. Das hat mir sehr viel Kraft gegeben. Und jetzt muss ich sehr viel Kraft aufwenden, um nicht gefühlt jeden Morgen zu explodieren, weil ein Elternteil mit mir reden möchte, wenn ich das nicht möchte. Bei meinen Eltern fühle ich mich nicht frei. Ich bin nicht freiwillig hier.

Die Wohnsituation ist nicht unbedingt Indiz für Einsamkeit. Es kommt in erster Linie darauf an, wie wohl man sich allein zu Hause fühlt und worauf das Zusammenleben mit anderen Menschen beruht – Adalbert beispielsweise würde nicht mit seinen Eltern zusammenleben, wenn er für sich eine andere Option hätte.

Leider lassen sich in dieser Hinsicht kaum Erkenntnisse über Wohngemeinschaften finden. Was geschieht mit den Einsamkeitsgefühlen, wenn mehrere Menschen zusammenleben, die nicht in einer Partnerschaft leben und nicht miteinander verwandt sind? Manuela hat Erfahrungen mit dieser Wohnform gemacht:

BEISPIEL MANUELA

Ich habe schon oft in meinem Leben in Wohngemeinschaften gelebt und ganz unterschiedliche Erfahrungen gemacht. Ich habe auch mal mit guten Freundinnen zusammengelebt und das war in erster Linie einfach schön. Natürlich auch anstrengend, man hat ja ein ganz anderes Konfliktpotenzial, wenn man sich so nahesteht. Aber ich kann sagen, dass fast jede Freundschaft durch dieses Zusammenleben gewachsen ist.

Übrigens gibt es Hinweise darauf, dass Frauen mit dem Alleinleben besser zurechtkommen als Männer – sie fühlen sich (zumindest vor und während der Corona-Pandemie) weniger einsam als alleinlebende Männer (Lippke u. a. 2021).

Erwerbsstatus und finanzielle Ressourcen

Ein höheres Einkommen geht mit weniger Einsamkeitsgefühlen einher (Buecker u. a. 2020 a; Pinquart & Sörensen 2001; Luhmann & Hawkley 2016; Dahlberg u. a. 2021) – oder anders ausgedrückt: Armut macht einsam. Ähnliche Effekte hat auch die Erwerbs- bzw. Arbeitslosigkeit (Eyerund & Orth 2019).

Höheres Einkommen und ein positiver Erwerbsstatus haben in unserer Gesellschaft einen hohen Stellenwert und bestimmen unser Ansehen – so steigt mit ihnen statistisch auch unser Selbstwertgefühl. Armutsbetroffene haben zudem sehr viel seltener das Gefühl, einer sinn- und wertvollen Tätigkeit nachzugehen (Der Paritätische Gesamtverband 2018).

Altersarmut → Für die ältere Generation ist das ein besonders großes Problem: 2014 gab etwa jede fünfte befragte Person, die unter das Merkmal »Altersarmut« fällt, an, tiefe Einsamkeit zu erleben. In der Gruppe der Älteren, die , die nicht unter Armut litt, fühlte sich nur jede dreizehnte Person einsam (Deutsches Zentrum für Altersfragen 2016).

Deshalb warnt der siebte Altenbericht ausdrücklich vor den Gefahren von Einsamkeit durch Armut für die ältere Bevölkerung. Im Alter ist Armut ein besonders belastender Faktor, weil es schwerer und aussichtsloser scheint, die eigene finanzielle Situation noch zu ändern. Ab dem Renteneintrittsalter sind die Weichen in den allermeisten Fällen bereits gestellt und Armut wirkt sich bis ins höchste Alter aus (Bundesministerium für Familie, Senioren, Frauen und Jugend 2017).

Armut kann auch in allen anderen Lebensphasen einen isolierenden und vereinsamenden Effekt haben. Oftmals sind Menschen mit wenigen finanziellen Ressourcen von vielen gesellschaftlichen Aktivitäten ausgeschlossen, solange diese nicht besonders kostengünstig sind – die meisten Sportkurse kosten Geld, das gesellige Beieinander im Café und im Restaurant ebenso.

Im Gespräch bringt Ulrike ihre Einsamkeitsgefühle zum Teil mit den geringen finanziellen Mitteln in Verbindung und es wird auch deutlich, dass der geringe Status, den sie ihrem erlernten Beruf zuschreibt, sich auf ihren Selbstwert auswirkt.

BEISPIEL ULRIKE

Einsamkeit hängt für mich viel mit Gesundheit zusammen und auch damit, wie viel Geld man hat, was man in der Lage ist auszugeben, ob man noch was arbeiten kann, ob man mit auf ein Konzert kann oder ob man doch zu Hause bleiben muss, weil man das Geld nicht hat. Also das ist definitiv nicht witzig. Manchmal habe ich schon das Gefühl, dass alles einfacher wäre, wenn man mal eben so rausgehen kann, hier mal einen Kaffee trinken, da mal einen Kuchen essen, irgendwo hingehen, mal was kaufen. Also, ich kann das ab und zu, aber ich bin halt trotzdem sparsam. Es hängt alles irgendwie miteinander zusammen. Ich bin durch meine Erkrankungen, die Psyche halt, Bandscheiben-OP, ein bisschen traumatisiert. Dadurch bin ich schon in der Frührente. Ich kann nur kleine Jobs annehmen. Ich habe mal Bürogehilfin gelernt. Aber das ist ewig her. Ich bin noch nicht mal Kauffrau. Also nur eine Bürogehilfin und das ist wirklich nichts.

Stadt- und Landleben

Viele Menschen empfinden das Leben in der Stadt als hektisch, laut, reizüberflutet, schmutzig und nicht zuletzt als einsam. So schreiben Kinnert und Bielefeld 2021: »Soziale Isolation, Anonymität und Entfremdung sind darum nicht erst seit Ausbruch der Corona-Pandemie wesentliche Zuschreibungen des Lebens und Alltags in der Stadt. Städte sind Brutkästen der Einsamkeit, ihre Bewohner überdurchschnittlich von Einsamkeit und Vereinzelung betroffen.« (Kinnert & Bielefeld 2021, S. 331 f.)

Dabei hat auch das Landleben Potenzial für Einsamkeit: In vielen Landkreisen Deutschlands ist der öffentliche Nahverkehr quasi nicht vorhanden, Busse fahren an manchen Orten nur zweimal am Tag – wenn überhaupt. So ist man ohne eigenes Auto immobil und womöglich schon vom nächsten Ort abgeschnitten. Immer weniger Menschen wollen noch auf dem Land leben, Landflucht wird dieses Phänomen genannt. Auch Einkaufsmöglichkeiten verringern sich und verlagern sich in die Stadt.

Also, wo ist es nun einsamer – in der Stadt oder auf dem Land? Eine Meta-Studie von Buecker u. a. (2021) geht genau dieser Frage empirisch wissenschaftlich auf den Grund und stellt dabei tatsächlich keine klare Tendenz fest. In der Stadt lebende Menschen fühlen sich demnach im Durchschnitt nicht einsamer als Menschen, die auf dem Land leben. Viel eher ist entscheidend, wie lang beispielsweise der Weg zum nächsten Park, zu Freizeit- und Sporteinrichtungen oder zu einem Gemeindezentrum ist. Eine Gehdistanz von zwanzig Minuten stellte sich hierbei als entscheidende Grenze heraus. Wie weit entfernt das nächste Stadt- oder Einkaufszentrum oder der öffentliche Nahverkehr ist, hatte hier überraschenderweise keinen Effekt auf das Einsamkeitserleben.

Auch andere Aspekte des Stadtlebens spielen eine Rolle für das Einsamkeitsrisiko der dort lebenden Menschen. Eine besonders hohe Wohndichte kann zu Einsamkeit sowie zu Stress und Unzufriedenheit führen (Hammoud u. a. 2021). Es klingt zunächst überraschend, dass eine hohe Anzahl an Menschen zu Einsamkeit führen soll. Jedoch wird die hohe Bevölkerungsdichte mit sozialem Stress sowie Ausschluss- und Konflikterfahrungen in Zusammenhang gebracht (Adli & Schöndorf 2020).

Einen Einfluss auf das Einsamkeitserleben hat also vor allem die Art und Weise, wie die Gemeinden – egal ob groß oder klein – strukturiert sind und wie die Menschen dort ihre Zeit verbringen können. Soziale Orte, Räume und Gelegenheiten, sich zu treffen, sind wichtig, um Gemeinschaft zu fördern, in der Menschen sich verbunden fühlen. An dieser Stelle deutet sich schon an, welche Rolle der Politik in Fragen der Stadtplanung und Gemeindegestaltung zukommt.

Buecker u. a. (2021) verzeichnen hier eine deutliche Diskrepanz zwischen Ost- und West-Deutschland, wobei die Einsamkeitswerte im Osten tendenziell höher sind. Dabei sind sowohl Großstädte als auch ländliche Räume von Einsamkeit betroffen.

Nachbarschaft bietet Schutz → Eine weitere wichtige Komponente, die das Wohnumfeld berührt, ist das Verhältnis zur Nachbarschaft – wird sie positiv erlebt, schützt sie vor Einsamkeitsgefühlen (Buecker u. a. 2021). Die Nachbarschaft ist eine wichtige Unterstützungsressource neben der Familie und engen Freundschaften, die gerade im Alltag bei kleineren Problemen eine Rolle spielt. Oft wird diese eher dem Land- als dem Stadtleben zugeschrieben. Jana, die in einem Mehrfamilienhaus mitten in der Stadt lebt, erfährt trotzdem eben diese Unterstützung in ihrem Alltag und spricht im Interview sehr positiv von ihrer Nachbarschaft:

BEISPIEL JANA

Mit einer Nachbarin habe ich Nummern ausgetauscht. Wir helfen uns gegenseitig. Sie hat zum Beispiel mal jemanden in unsere Wohnung gelassen, als ich auf der Arbeit war. Das ist also quasi schon so eine Ressource, auf die ich zurückgreifen kann, sozialarbeiterisch ausgedrückt. Meine anderen Nachbarn sind auch alle sehr freundlich und entgegenkommend. Wenn sie Pakete für mich annehmen, bringen sie die extra zu mir hoch, bevor sie die Wohnung verlassen, weil ich ja nicht wissen kann, wann sie zurückkommen. Also wirklich sehr nette Menschen.

Und tatsächlich finden auch Neu und Müller (2020) keinen erkennbaren Unterschied, was die Zufriedenheit mit ländlichen oder städtischen Nachbarschaften betrifft. Das Vertrauen scheint in beiden Räumen gleichermaßen gegeben, somit spiegle sich das Vorurteil vom »engen Eingebundensein in sorgende Dorfstrukturen« als Gegensatz zur unpersönlichen Großstadt in den Daten nicht wider (Neu & Müller 2020, S. 77).

Wie unterschiedlich die Nachbarschaften auch auf dem Land aussehen können, zeigt sich im Gespräch mit Franziska. Sie ist in einem Dorf aufgewachsen und lebt nun, mit 41 Jahren und ihrer eigenen kleinen Familie wieder in einem Dorf, aber in einem anderen Teil Deutschlands. Die Erfahrungen in und mit der Nachbarschaft fühlen sich für sie ganz unterschiedlich an:

BEISPIEL FRANZISKA

Nachbarn sind eigentlich wichtig. Aber mit der hiesigen Nachbarschaft ist es nicht so wie dort, wo ich herkomme. »Guten Tag, guten Weg« – und das war's dann schon. Wenn man Glück hat, grüßen die Nachbarskinder, wenn man Pech hat, wissen die noch nicht mal, wer man ist. So ist das hier in der Straße. Und wo ich aufgewachsen bin, ist ja auch eine lange Straße gewesen. Ich meine, sieben Höfe waren da und wir kannten uns alle untereinander. Da war das ganz normal, dass man sich »Moin Moin, wie geht's« und so sagt. Und bei meiner Tante war das sogar so, als die mal im Krankenhaus war, da haben die Nachbarn für meinen Onkel mitgekocht. Alles auf eine selbstverständliche, hilfsbereite Art. Aber vielleicht ist das auch noch die alte Generation. Dieses Miteinander. Aus meiner Kindheit kenne ich das ja eigentlich, dass da Hilfsbereitschaft ist in der Nachbarschaft und im Notfall ist dann jemand da. Oder diese Fahrgemeinschaften, wenn die Kinder gleich alt sind, das war für mich eigentlich immer normal. Aber hier ist das jetzt anders. Es fahren manchmal fünf Autos aus der gleichen Straße und bringen die Kinder zur gleichen Bushaltestelle. Und die Kinder fahren alle zur gleichen Schule. Zu meiner Kindheit ist ein Auto losgefahren und hat fünf Kinder hingebracht. Jetzt hab ich eher das Gefühl, dass viel mehr geguckt wird, »Schau mal, was hat der, was ich nicht habe«. Dass da so ein Neidfaktor ist in der Nachbarschaft. Finde ich schade. Aber man kann es sich ja so ein bisschen aussuchen, ob man Kontakt mit den Nachbarn möchte oder nicht. Man muss ja nicht, aber schöner ist es doch, wenn's funktioniert und wenn es eine Gemeinschaft wird. Und das ist ja auch Nachbarschaft, so kenn ich das auch, man lädt sich zu den Geburtstagen ein, sitzt nett zusammen.

Einen signifikanten Unterschied scheint es dann aber doch zwischen Land und Stadt zu geben: Auf dem Land bestehen die persönlichen Netzwerke eher aus Familienmitgliedern, während in der Stadt vor allem Bekanntschaften und Freundschaften das Leben gestalten (Neu & Müller 2020).

Gesundheit und Mobilität

Im vorangegangenen Teil dieses Buches haben wir gesehen, dass Einsamkeit erheblichen Einfluss auf die Gesundheit hat. Und auch umgekehrt besteht ein Zusammenhang: Einsamkeit und Isolation können nicht nur Ursache, sondern auch Folge von gesundheitlichen Beschwerden sein (Eyerund & Orth 2019). Denn oft fällt es durch Krankheit schwer, den Weg zu anderen Menschen zu gehen.

Einige körperliche Erkrankungen und Einschränkungen erschweren es im ganz praktischen Sinne, andere Menschen zu treffen. Und so können soziale Isolation und damit einhergehend Einsamkeitsgefühle entstehen. Mit einer kaputten Hüfte oder schweren Beinen fällt es schwerer, in den Sportverein zu gehen oder längere Wege zu laufen. Telefonate und Gespräche werden mit nachlassendem Gehör zu einer Herausforderung. Das Leben fühlt sich unsicherer an, wenn die eigenen körperlichen Sinne und Fähigkeiten sich verschlechtern. Das kann dazu führen, dass Menschen eher zu Hause in der gewohnten Umgebung bleiben. Das ist auch für die Gruppe der Älteren ein Problem.

In der repräsentativen Generali Altersstudie (2017) berichten 13 Prozent der 65- bis 85-Jährigen mit schlechter Gesundheit, häufig einsam zu sein. 35 Prozent dieser Altersgruppe erleben sie gelegentlich. Die befragten 65- bis 85-Jährigen, die angeben, bei »guter Gesundheit«

zu sein, fühlen sich zu einem Prozent häufig und zu neun Prozent gelegentlich einsam.

Einsamkeit in der Pflege → Auch das Gefühl von Abhängigkeit und Hilfsbedürftigkeit, das mit starken körperlichen Einschränkungen einhergeht, kann Einsamkeitsgefühle verstärken. Deshalb spielt das Leben in einem (Pflege-)Heim eine wichtige Rolle beim Thema Einsamkeit. So berichten Menschen von Pflegepersonal, das keine Zeit mehr für Kommunikation habe, die über die nötigste Pflege hinausgehe, von (gefühlt) zu wenigen Besuchen und vom Gefühl des Abgeschnittenseins von der Außenwelt (Plattner & Brandstötter 2021).

Rita kennt Einsamkeit durch ihre Arbeit gut und weiß, dass gute Biografiearbeit helfen kann. Nur bleibt dafür wenig Zeit.

BEISPIEL RITA

Wir haben hier im Pflegeheim einen Bewohner, der war früher Tischlermeister und sitzt heute im Rollstuhl. Du musst dir die Dinge mal angucken. Der macht Modellbau und geht da total drin auf – obwohl er chronische Schmerzen hat und seine Frau unter Depressionen leidet, schenkt ihm das so viel Lebensfreude. Das ist seine Welt. Es würde so viel bringen, mit jedem Menschen hier zu erarbeiten, was sie gerne gemacht haben, was sie vielleicht auch noch können. Auch wenn es nicht so perfekt ist und vielleicht nicht ganz nützlich erscheint. Aber um das zu erreichen, musst du die Person gut kennen und vielleicht mit den Angehörigen über die Vergangenheit sprechen und Sachen ausprobieren. Das kostet viel Zeit. Und diese Zeit fehlt mir hier in der Arbeit.

Auch eine Behinderung erhöht das Risiko zu vereinsamen. Von einer Behinderung betroffen sind laut der Behindertenrechtskonvention »Menschen, die körperliche, seelische, geistige oder Sinnesbeeinträchtigungen haben, die sie in Wechselwirkung mit einstellungs- und umweltbedingten Barrieren an der gleichberechtigten Teilhabe an der Gesellschaft mit hoher Wahrscheinlichkeit länger als sechs Monate hindern können« (Beauftragter der Bundesregierung für die Belange von Menschen mit Behinderungen 2018).

Die Erscheinungsformen dieser Beeinträchtigungen sind unendlich vielfältig und werden in verschiedene Kategorien unterteilt. Es gibt körperliche Erkrankungen wie Geh- oder Sehbehinderungen, fehlende Gliedmaßen und vieles mehr. Dann gibt es geistige Behinderungen wie beispielsweise Autismus oder das Down-Syndrom und psychische Erkrankungen wie chronische Depressionen, Psychosen oder Persönlichkeitsstörungen.

Meist werden behinderte Menschen auf öffentlichen Hinweisschildern mit dem Symbol eines Menschen im Rollstuhl dargestellt, wir sehen aber, dass das viel zu kurz greift und dem Phänomen Behinderung nicht gerecht wird. Oft sind körperliche Behinderungen eher sichtbar als geistige oder psychische, es gibt aber auch chronische körperliche Erkrankungen, die nicht direkt für andere Menschen sichtbar sind. Adalbert leidet an so einer Erkrankung, an der chronischen Darmkrankheit Morbus Crohn. Er erzählt von seinen Erfahrungen.

BEISPIEL ADALBERT

Ich sehe halt gesund aus, fühle mich aber nicht gesund. Und das ist ein ganz entscheidender Unterschied. So wie ich aussehe, erwarten andere bei einem Umzug zum Beispiel, dass ich als junger Mann problemlos dabei helfen könne, schwere Dinge zu tragen. Kann ich aber nicht. Das passiert mir manchmal, dass dann in solchen Situationen so ein Spannungsverhältnis entsteht, weil ich eben nicht die Erwartungen erfülle. Leute mit unsichtbaren Erkrankungen werden das ganz oft haben diesen Widerspruch: sieht gesund aus, fühlt sich aber nicht so. Das macht auch einsam, wenn ich die Erwartungen nicht erfüllen kann.

Bei der Einsamkeit von Menschen mit Behinderungen geht es auch um »Hürden in den Köpfen«. Es sind die Haltungen der anderen Menschen, die eine Ausgrenzung hervorrufen. Nach Angaben der Hilfsorganisation Sense meinen über 50 Prozent der Menschen ohne Behinderung in Großbritannien, dass sie kaum bis gar keine Gemeinsamkeiten mit Menschen mit Behinderung hätten. Und 26 Prozent geben sogar an, einer Unterhaltung mit ihnen bewusst aus dem Weg zu gehen (Sense 2017).

Adalbert erzählte in unserem Gespräch davon, wie er sich durch die Krankheit ausgeschlossen und einsam fühlt, auch wenn er nicht von den »klassischen« Barrieren wie Treppen und zu schmalen Türen betroffen ist.

BEISPIEL ADALBERT

Es war Weihnachten, ich war in der achten Klasse, da bin ich krank geworden. Ich hatte blutige Durchfälle. Als ich von der Diagnose erfahren habe, war ich schon Außenseiter in der Klasse. Durch mein Anderssein. Und ich weiß, dass das in den ersten Jahren gar nicht so ein Problem war. Es gab Zeiten, wo ich fünf Mal die Woche zum Sport gegangen bin. Also zum Sportverein, zum Training. Und ich hatte keinerlei Probleme. Ich bin morgens aufgestanden, habe in den großen Pausen gegessen, habe Mittag gegessen, bin mit im Zug gefahren, habe Abendbrot gegessen, bin ins Bett gegangen. Und ich glaube, ich hatte damals noch regelmäßigen Stuhlgang, aber definitiv keinen imperativen Stuhlgang, wie ich ihn jetzt habe, sodass Zugfahrten zum Beispiel heute gar nicht mehr möglich oder sehr belastend sind. Dann ist es ja auch so ein tabuisiertes Thema. Und das erschwert Gespräche darüber. Im Altersheim z. B. können sich alle über ihre Arthrose austauschen, aber in meinem Fall jetzt ist das schwierig. Ich glaube, in meiner Schule gab es keine andere Person mit einer Darmerkrankung. Und sich mit 14 oder 15 darüber auszutauschen, wie viel Blut und Schleim man im Stuhl hat, ist jetzt auch nicht so das Pausenhofthema.

Viele Menschen erleben sich selbst als eine Belastung für andere, wenn sie auf Hilfe und Unterstützung angewiesen sind. Und auch das kann zu Einsamkeitsgefühlen führen.

Verschränkung von Behinderung und Armut → Eine Behinderung zu haben, stellt gleichzeitig ein hohes Risiko für Armut dar, was im Dritten Teilhabebericht der Bundesregierung deutlich wird (Maetzel u. a. 2021). So zeigt der Bericht auch enge Zusammenhänge mit den geringeren Bildungsabschlüssen, der geringeren Erwerbsbeteiligung, der niedrigeren Stellung im Beruf sowie dem geringeren Arbeitsumfang von Menschen mit Beeinträchtigungen (Maetzel u. a. 2021).

Da Armut ein wesentlicher Risikofaktor für Einsamkeitsgefühle ist, wird der gefährdende Effekt der »Lebenslage Behinderung« hier umso mehr verstärkt. So stellt das Leben mit einer Behinderung oder einer chronischen Erkrankung aus verschiedenen Gründen ein Risiko für Einsamkeit dar.

Das alles führt zu einer drastisch hohen Zahl an Einsamen unter den Menschen mit Behinderungen: Mit 33 Prozent fühlt sich ungefähr ein Drittel einsam. Dagegen stehen nur 16 Prozent der Menschen ohne Behinderung, die sich einsam fühlen (Maetzel u. a. 2021). Diese Zahlen unterscheiden sich von den Zahlen anderer Studien, etwa der schon erwähnten von Maike Luhmann zur Verteilung der Einsamkeitsgefühle in Deutschland. Hier sind die Grenzen der Messbarkeit von Einsamkeit zu berücksichtigen. In den Zahlen von Maetzel u. a. wird nur die Zustimmung zur Frage »Fühlen Sie sich oft einsam?« in einer einzigen Studie betrachtet und angegeben.

Migration als Einsamkeitsrisiko

Den Wohnsitz zu wechseln und in ein anderes Land zu ziehen wirkt sich auf das Einsamkeitserleben aus. Menschen mit Migrationsgeschichte haben in dieser Hinsicht ein höheres Risiko als Menschen ohne Migrationsgeschichte (Buecker u. a. 2020; Eyerund & Orth 2019). Im Durchschnitt fühlen sich 15 Prozent der migrierten Menschen einsam, dagegen nur 8,2 Prozent der Menschen ohne Migrationshintergrund (Eyerund & Orth 2019).

Gründe dafür gibt es viele. Migration betrifft viele Lebensbereiche und kann alle grundlegenden Strukturen des Lebens verändern, vielleicht sogar erschüttern – gerade wenn wir bedenken, dass Migration nicht immer freiwillig ist, zum Beispiel bei Menschen, die aus ihren Heimatländern fliehen, in denen Krieg herrscht.

In einem neuen Land findet man sich plötzlich in einem neuen sozialen Umfeld wieder, Gewohnte Strukturen wie Familien- und Freundeskreise, Feste und Bräuche rücken unter Umständen in weite

Ferne. Oft kann der in der Heimat ausgeübte Beruf im neuen Aufenthaltsland nicht weiter ausgeübt werden. Gefühle von Heimatlosigkeit und Unverbundenheit entstehen.

Zudem gehen mit einer Migrationsgeschichte oft noch andere erschwerende Faktoren einher, die das Risiko für Einsamkeit steigern: Geringe Sprachkenntnisse, ein oft geringes Einkommen und unvorteilhafte Wohnverhältnisse bergen die Gefahr der sozialen Isolation und der Einsamkeit (Eyerund & Orth 2019). Fluchterfahrungen stellen ein besonderes Risiko dar. »Psychische Belastungen, Depressionen und Traumata infolge einer lebensgefährlichen Flucht und eines unsicheren Aufenthaltsstatus führen nicht selten zu Rückzug und Ausgrenzung.« (Neu & Müller 2020, S. 68)

Raika ist als Kind aus der Türkei nach Deutschland gekommen und ihre Geschichte liest sich als »Erfolgsgeschichte«: Sie verwirklicht sich mittlerweile beruflich und lebt mit ihrer Familie in einem Zuhause, das sie glücklich macht. Einsamkeitsgefühle kennt sie aus der Vergangenheit, als sie neu in Deutschland war:

BEISPIEL RAIKA

Zum ersten Mal habe ich mich einsam gefühlt, als ich nach Deutschland gekommen bin, damals, mit zwölf Jahren. Ich kannte Deutschland gar nicht, mein Vater kam damals als Gastarbeiter hierher. Mein Vater wollte hier eine Arbeit und eine Wohnung finden und meine Mutter nachholen. Wie bei vielen Gastarbeitern hat er hier eine andere Frau kennengelernt und meine Mutter in der Türkei zurückgelassen. Das war für mich keine freiwillige Migration nach Deutschland. Ich wurde in einem kleinen Dorf in der Türkei groß. Da hatte ich eine wunderbare Kindheit mit meiner Mutter. Wir waren eine Großfamilie mit Tanten, Onkeln, Freunden,

Cousinen. Wir sind dort alle gemeinsam groß geworden und ich ging dort auch zur Schule. Damals kannte ich das Gefühl von Einsamkeit nicht. Aber in Deutschland kam ich in so eine riesengroße Stadt – direkt aus einem kleinen Dorf an der Küste des Schwarzen Meeres. Ich erinnere mich noch genau: An dem ersten Tag kamen wir in so ein Hochhaus und vor unserem Haus fuhren Straßenbahnen. Und das war für mich damals schon ein Kulturschock. Ein Kind, das die Großstadt nicht kannte, plötzlich in so einer Riesenstadt. Und dann natürlich noch verlassen von meinen Freundinnen, meiner Familie, von meiner Mutter, hinein in eine Familie, die ich überhaupt nicht kannte. Ich kannte weder meinen Vater noch die Frau, die er damals noch hatte. Ich war sehr traurig, ich hätte sehr gerne mit Leuten gesprochen, die sich ähnlich gefühlt haben, aber ich kannte das System nicht. So was wie heute, Jugendtreffs oder Ähnliches, kannte ich damals nicht. Ich war sehr traurig und wollte zurück, wieder in meine Heimatstadt, was aber nicht ging. Das Schlimmste war die deutsche Sprache. Ich konnte mir gar nicht helfen mit meiner Einsamkeit, ich konnte mich ja sprachlich nicht verständlich machen, nicht erkundigen nach irgendwas. Besonders schwer waren die ersten Monate, wo ich nicht mal zur Schule gehen konnte, weil erst mal geklärt werden musste, wo ich überhaupt untergebracht werde. Die Menschen waren für mich auch ganz anders gekleidet, die haben was anderes gegessen. Ich hatte nicht wirklich meine Läden, die ich aus der Türkei her kannte, die Sprache ja sowieso nicht. Das war damals so eine Touristenstadt, wo einfach irgendwelche Leute auf dich zukamen und etwas von dir wollten, zum Beispiel nach dem Weg gefragt haben. Ich bin dann immer weggegangen, damit sie mich ja nicht ansprechen, weil ich nicht verstanden habe, was die sagen. Meine ersten Worte waren:

»Ich nix verstehen!« Das war ganz schrecklich, ich habe mich so geschämt. Und um das zu vermeiden, habe ich so getan, als ob ich nicht hinschaue. Ich erinnere mich an diese traurige Phase zurück, und an ein tiefes Gefühl von Leere.

Die sozialen Medien

Die sozialen Medien, wir sprechen hier vor allem von Facebook oder Instagram, tragen oft automatisch den Stempel der kollektiven Vereinsamung mit sich. Von der »digitalen Einsamkeit« ist die Rede. Wie kann das sein, wo uns diese Medien doch verbinden sollen?

Auch hier bringt ein sachlicher Blick in die Forschung ein differenziertes Bild: Die neuen sozialen Medien funktionieren komplex und sie können je nach Art und Weise der Nutzung unterschiedliche Effekte haben. Die einzelnen Altersgruppen unterscheiden sich hier beträchtlich (Nowland u. a. 2018).

Die Selbstoptimierung der Jugendlichen → Die intensive Nutzung von Facebook und Instagram führt vor allem bei Jugendlichen zu mehr Einsamkeit (splendid research 2019, Nowland u. a. 2018). In der Studie »Digital Self vs. Real Self« wird konkretisiert, wie Jugendliche mit diesen Medien umgehen: So haben die neuen Medien für Menschen zwischen 16 und 23 in erster Linie den Zweck der Selbstdarstellung. Sie posten vor allem Bilder und Videos von sich selbst. Diese Selbstdarstellung ist oft mit digitalen »Beauty-Maßnahmen« verbunden – das können Filter sein, besondere Sticker oder Apps, die die eigene Erscheinung verändern. So können wir Bilder von uns posten, auf denen wir schlanker aussehen, eine kleinere Nase haben oder einen sonnigeren Teint. Außerdem fällt bei der Analyse des Medienverhaltens auf, dass hier nur die positiven Seiten des Lebens und des eigenen Selbst gezeigt werden. Niemand postet ein Bild von sich selbst in einem Moment der Niedergeschlagenheit oder Trauer, nie von einem Beziehungsstreit. Stattdessen sehen wir auf Facebook und bei Instagram Bilder von Menschen, die gerade glücklich miteinander und mit sich selbst zufrieden sind. Der Mechanismus hinter dieser Selbstoptimierung ist eine Art Leistungsdruck: der Druck, das beste Leben zu führen, dafür die meisten Likes zu sammeln und auf keinen Fall einsam zu wirken. Das Paradoxe daran ist, dass gerade dieses Verhalten und die selektive, optimierte Darstellung von sich selbst zu mehr Einsamkeit führen (Choi-Odenwald & Blau 2018). Der Titel der Studie »Digital Self vs. Real Self« ist also sehr gut gewählt – scheint es doch so, dass für einige Menschen die digitale Selbstdarstellung dem eigentlichen Selbst schadet.

Trend: Digital Detox

Parallel zum Trend der Digitalisierung entwickelt sich auch die entsprechende Gegenbewegung und schafft damit einen Ausgleich. Hinter dem Trend steckt das Bedürfnis, weniger Zeit mit digitalen Medien zu verbringen, öfter mal »abzuschalten«. So wie das klassische Fasten eine körperliche Reinigung und Gesundheit bringen soll, soll auch das digitale Fasten den Geist entgiften und vor allem zu weniger Stress führen. Auch die Fokussierung aufs Wesentliche durch weniger Ablenkung ist ein ersehnter Effekt. So kommt es, dass beispielsweise Kirchen anstatt zum Verzicht auf Süßigkeiten zum Verzicht auf digitale Medien in der Zeit vor Ostern aufrufen und im Internet viele Anleitungen und Tipps zum Digital Detox zu finden sind.

Digitale Medien in der älteren Generation → Ältere Menschen kommen durch die digitalen Medien laut Untersuchungen eher in echte Kontakte mit anderen Menschen und pflegen bestehende Beziehungen, beispielsweise zu den Enkelkindern, die weiter weg leben (Nowland u. a. 2018). Mittlerweile gibt es viele Kurse für Ältere, die ihnen den Umgang mit den neuen Medien näherbringen sollen. Durch das soziale Miteinander in den Kursen und die intensive Form des Austausches entsteht oft eine andere Form von Nähe. Hier hat die moderne Technologie eine Brückenfunktion.

Einsamkeitsgefühle beeinflussen Nutzungsverhalten → Einsamkeitsgefühle prägen das Nutzungsverhalten und führen dazu, dass Menschen dazu tendieren, ihre Kommunikation eher in den digitalen Raum zu verlagern (Nowland u. a. 2018). Das Digitale stellt auch für Adalbert, der über starke Einsamkeits- und Depressionsgefühle berichtet, eine solche Möglichkeit dar. Hier lebt er sinnstiftende Kontakte und Beziehungen. Für ihn haben die digitalen Medien einen hohen emotionalen Wert – losgelöst von »echten« Kontakten, wie er sie nennt.

BEISPIEL ADALBERT

Ich kann auch im Internet, wenn ich dort unter Klarnamen unterwegs bin, Wertschätzung annehmen. Es tut mir gut, dass dort Leute sind, die sich darüber freuen, dass ich wieder da bin und aktiver Teil der Community bleibe. Darüber habe ich auch meine Bachelor-Arbeit geschrieben, also darüber, wie man über digitale Medien echte Beziehungen erleben kann. Für mich ist es zum Beispiel ein Vorteil, dass man sich da nicht sieht und hört, weil mein Selbstbild so schlecht ist. Ich habe mit 16/17 Jahren dann auch keinen Sport mehr gemacht, weil die Trainingsgruppe mies war. Und dann gab's plötzlich eine Online-Community, wo ich mich sehr wohlgefühlt habe. Wir haben uns durch das kennengelernt, was wir uns geschrieben und mitgeteilt haben und dadurch bin ich wertgeschätzt worden. Und mir wurde gesagt: »Du bist nicht blöd, du bist nett und klug.« Das kann mir dasselbe Gefühl von Wertschätzung geben, wie es auch Personen im echten Leben können. Klar, Kuscheln, Umarmungen und Sex ersetzt es nicht, aber es ist trotzdem so, dass die emotionalen Worte, die geschrieben werden, einen gleichen emotionalen Wert haben. Und echte Kommunikation und Kommunikation im Chat macht für mich keinen Unterschied.

Digitale Verbindungen in der Pandemie → In Zeiten mit Kontaktbeschränkungen spielt das Digitale eine ganz besondere Rolle. Wenn der persönliche Kontakt plötzlich zum Gesundheitsrisiko wird, kann digitale Kommunikation zu einem umso wichtigeren Element im Sozialleben werden.

Bildung und Kultur nutzen die Möglichkeiten des Digitalen, um ihre Zielgruppen zu erreichen: Home-Schooling per Computer, Streaming-Konzerte oder ganze Festivals online sind einige Versuche, um Bildungsinhalte und kulturelle Ereignisse zu teilen. Manche Institutionen haben sogar Tage der offenen Tür im digitalen Format angeboten.

Auch im Privaten und im Arbeitsleben werden Versuche unternommen, um ein wenig miteinander zu leben und die vermisste Intimität auch in Zeiten der Abstandsgebote und Kontaktverbote zu kreieren. So verabreden sich Befreundete zu Videochats und altmodischen Telefonaten. Firmen veranstalten Koch-Events mit ihren Mitarbeitenden oder planen Online-Mittagspausen, um Gruppendynamik auch ohne den Face-to-Face-Kontakt zu erzeugen. Sogar Geburtstage und Hochzeiten wurden digital gefeiert – ich selbst konnte im Jahr 2020 durch die Möglichkeiten des Digitalen an einer Hochzeitsfeier teilhaben.

Die digitalen Events haben gut funktioniert und sozialen Zusammenhalt in Freundeskreisen und Arbeitsbeziehungen gefördert. Jana, die mit mir über ihr Erleben von Einsamkeit gesprochen hat, fühlt sich in der digitalen Welt ohnehin heimisch und sieht sich durch Corona bestätigt.

BEISPIEL JANA

Ein positiver Aspekt der Pandemie war, dass ich zum ersten Mal das Gefühl hatte, dass andere Leute meine Online-Freundschaften endlich mal als eine berechtigte Art der Freundschaftspflege anerkennen. Das war früher anders. Eine Ärztin dachte zum Beispiel mal, ich wäre von Computerspielen abhängig. Und jetzt ist es eher so, dass ich da eine Art Fähigkeit habe, die dazu führt, dass mir das alles gerade nicht so viel ausmacht, mit meinen Freunden nur online zu kommunizieren, weil ich das schon kenne. Weil ich meine Erwartungen daran anpassen kann und weil ich weiß, wie das für mich funktioniert. Und deshalb war das dann auch nicht schwer, auch mit anderen Freundschaften auf online umzusteigen. Manchmal fehlen mir die größeren Treffen, so mit zehn Leuten gleichzeitig, aber im normalen Alltag, wo man einfach nur miteinander redet, ist es total egal, ob gerade Corona ist.

Aber nicht für alle ist die Umstellung aufs Digitale eine optimale Lösung. Larissa hat in unserem Gespräch aus dem Uni-Alltag erzählt und wie sie den Beginn ihres Masterstudiums erlebt hat:

BEISPIEL LARISSA

Nur das mit der Onlinelehre nervt. Mir ist das auch jetzt erst aufgefallen, wie sehr der Austausch dann doch fehlt. Man hört jetzt einfach nur zu, es ist viel schwieriger, in Diskussionen zu kommen. Wir haben uns alle nur ein Semester gesehen. Und manchmal fehlt's einfach, sich danach noch mal auszutauschen. Und aus der Vorlesung rauszugehen und nochmal mit zwei, drei Leuten darüber zu reden. Jetzt ist es einfach danach vorbei. Und per Zoom zu diskutieren, das geht nicht, weil immer nur einer sprechen kann. Alle sind einfach viel zurückhaltender, du kannst nicht spontan sprechen, es ist viel schwieriger zu kommunizieren.

MERKE Die Nutzung des Internets und der sozialen Medien kann sehr unterschiedliche Effekte haben, die auch mit der psychischen Situation und dem Alter der Nutzenden zu tun haben. Es ist wichtig, dass wir unser Verhalten reflektieren. Fühlen wir uns wirklich gut mit der Art und Weise, wie wir sie benutzen?

Alter

Die Gruppe der Älteren kam in diesem Buch schon mehrfach vor. Das liegt daran, dass in dieser Lebensphase viele Risikofaktoren für Einsamkeit zusammenkommen: So ist die ältere Bevölkerung jetzt und auch zukünftig in hohem Maße von Armut bedroht, die objektive und subjektive Gesundheit nehmen im Alter ab und die Mobilität ist deutlich eingeschränkt. Für ältere Menschen ist es schwerer, an Aktivitäten teilzunehmen, die weit entfernt von ihrem Zuhause stattfinden, was die Möglichkeiten für Kontakte und Begegnungen einschränkt. Sie sind auf Angebote und Möglichkeiten angewiesen, zu denen der Weg nicht weit ist. Zum anderen nimmt im Alter die Wahrscheinlichkeit zu, dass Menschen aus dem direkten Umfeld sterben. Das soziale Netz wird kleiner und den meisten fällt es schwerer als in jüngeren Jahren, neue Freundschaften zu knüpfen. Dass Kinder häufiger weit entfernt von ihren Eltern leben als früher, trägt auch zu der Verkleinerung des Netzwerkes bei. Wegen dieser gut erforschten Ursachen sind ältere Menschen oft Zielgruppe von Projekten gegen Einsamkeit.

Und tatsächlich steigt die Einsamkeit nach den bisher vorliegenden Studien ab 80 Jahren stetig bis zum Lebensende an. Es wäre jedoch nicht angebracht, diese Gefühle nur den Älteren zuzuschreiben. Aus Daten von Luhmann und Hawkley (2016) wird ersichtlich, dass auch andere Altersgruppen in ähnlichen Dimensionen unter Einsamkeit leiden. Diese Grafik macht das sehr deutlich:

ABBILDUNG 2 Altersverteilung Einsamkeit (nach Luhmann & Hawkley 2016)

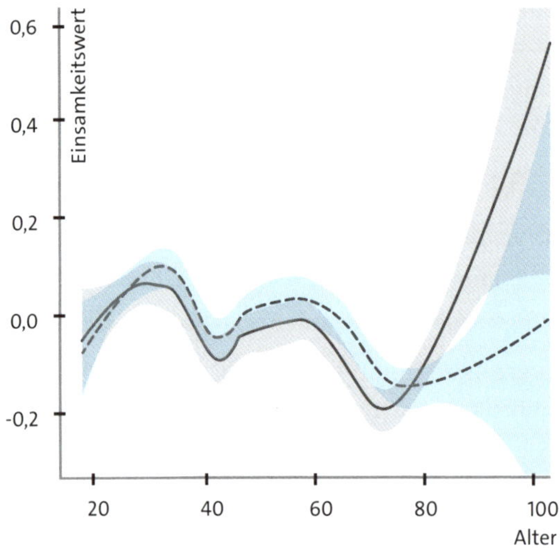

Die durchgezogene Linie zeigt die durchschnittlichen Einsamkeitswerte in Abhängigkeit vom Lebensalter; bei der gestrichelten Linie wurden äußere Lebensumstände wie Gesundheit und Einkommen herausgerechnet.

Hier erkennt man neben dem rasanten Einsamkeitsanstieg ab ungefähr 80 Jahren auch Hochphasen der Einsamkeit um die 30 sowie um die 50 Jahre. In diesen Bereichen scheinen sich Lebensumstände oder Ereignisse zu häufen, die das Gefühl von Einsamkeit begünstigen.

Allerdings gibt es zum Thema Lebensalter und Einsamkeit, wie schon im Kapitel »... weitverbreitet« angedeutet wurde, unterschiedliche Aussagen. Zur Erinnerung: In der Untersuchung von Eyerund und Orth (2019) wurden in der Gruppe der 50- bis 59-Jährigen die geringsten Einsamkeitswerte festgestellt.

Qualter (2018) sieht Hinweise darauf, dass die Gruppe der jüngeren Erwachsenen die am meisten gefährdete Gruppe sein könnte. Sie schreibt, dass Einsamkeit nicht mehr länger vorwiegend als Problem des höheren Lebensalters betrachtet werden sollte, denn es scheine, dass in einigen Untersuchungen die jungen Erwachsenen sogar von stärkerer Einsamkeit berichten.

Dass in vielen Datensätzen zu Einsamkeit und Lebensalter keine Kinder, Jugendlichen oder junge Erwachsene berücksichtigt werden, bedeutet eine große Begrenztheit der Aussagekraft. So kann beispielsweise die Einsamkeit, von der Jana aus ihrer Schulzeit erzählt, gar nicht erfasst werden.

BEISPIEL JANA

So im Alter von 15 bis 17 hatte ich einen festen Freundeskreis, mit dem ich mich jede Woche getroffen habe. Wir kamen von unterschiedlichen Schulen. Aber ich war die Einzige aus meiner Schule. Alle anderen in diesem Freundeskreis hatten noch jemanden, der von derselben Schule kam. Da hatte ich dann manchmal Probleme, mich mit denen zu unterhalten. Gerade wenn es um Schule ging. Ich habe viele Fotos gemacht, wenn ich mich mit Freunden getroffen habe. Und dann habe ich die Kamera immer wie so ein Hindernis oder eine Mauer zwischen mir und den anderen aufgebaut. Ich habe mich gefühlt, als würde ich immer so ein bisschen nicht dazugehören. Ich weiß auch gar nicht genau, ob es nur wegen der Schule war, aber das war am einfachsten zu argumentieren. In der Schule selbst hatte ich immer wechselnde Freundinnen und mit der letzten hatte ich auch oft Streit. Und dann gab es da noch einen Jungen, den ich toll fand, der aber nichts von mir wissen wollte. Und ansonsten hatte ich keine richtigen Kontakte. Die anderen Schüler waren nett und der Kontakt auch eigentlich angenehm, aber es war nicht so, dass wir uns nochmal außerhalb der Schule getroffen hätten. Die Schule war eine starke Einsamkeitsphase. Spätestens ab der siebten Klasse hatte ich das Gefühl, überhaupt nicht mehr dazuzugehören, kann aber nicht genau sagen warum. Und da ist dann eine Freundin mit mir zur Schulsozialarbeiterin gegangen, weil sie fand, ich müsse mich da mal mit jemandem drüber unterhalten. Und in den Gesprächen hat sich herausgestellt, dass ich mich nicht erwünscht fühle. Ich kann aber nicht sagen, ob das wirklich so war oder ob ich das verzerrt wahrgenommen habe. Weil ich mich nämlich auch daran erinnere, dass Menschen, mit denen ich eigentlich kaum etwas zu tun hatte, mich trotzdem mit offenen Armen empfangen haben. Also, es war nicht so, dass die Menschen dann gar nichts mit mir zu tun haben wollten. Manchmal denke ich, dass ich einfach zu viel wollte. Dass ich zu viele Erwartungen hatte. Zum Beispiel: Als ich mein iPod touch bekommen habe, vorher hatte ich gar kein Handy, hatte ich das erste Mal die Möglichkeit, auch nach der Schule mit Leuten von meiner Schule einfach zu kommunizieren und daran teilzuhaben. Und ich weiß noch, dass ich viel Zeit damit verbracht habe, darauf zu warten, dass sie mir schreiben. Meine Freundinnen hatten auch andere Aktivitäten nach der Schule, Sportverein oder Musikunterricht zum Beispiel. Ich habe dann darauf gewartet, dass sie wieder zurückkommen und mir schreiben. Ich hatte solche anderen Aktivitäten nicht.

Da die Einsamkeit junger Menschen im öffentlichen Gespräch bisher wenig vorgekommen ist, fehlt es im Gegensatz zum höheren Lebensalter noch an Erklärungen. Da gibt es durchaus Unterschiede zur klassischen Alterseinsamkeit, die im öffentlichen Diskurs präsenter ist und sich mehr auf äußere Umstände zurückführen lässt.

Diana Kinnert und Marc Bielefeld (2021) konzentrieren sich in ihrem Buch »Die neue Einsamkeit« auf diese Generation und stellen die Frage des »Warum?«. Sie skizzieren dabei einige mögliche Antworten und sehen für die jüngere Generation vor allem ein zu großes Maß an Mobilität und an Wahloptionen, die paradoxerweise eine neue Art von Einsamkeit kreieren. Anstatt ihre enorme Mobilität zu nutzen, um sich aufeinander zuzubewegen und ein Miteinander zu leben, führe sie bei vielen jüngeren Menschen zum Gegenteil: Entfernung, Zerstreuung, Entfremdung. Junge Menschen versuchen ihrer Meinung nach überall gleichzeitig zu sein, ziehen aus Karrieregründen in andere Länder, führen unverbindliche und unzuverlässige Beziehungen.

Das ist sicherlich eine sehr fokussierte Betrachtung. Nicht alle jüngeren Menschen führen ein solch unbeständiges und auf Flüchtigkeit ausgerichtetes Leben. Trotzdem ist dies ein neuartiger Blick auf Einsamkeit und ihre Ursachen. Larissa erzählt von einem Erlebnis, das in die von Kinnert und Bielefeld beschriebene Lebenswelt der Jüngeren passt.

BEISPIEL LARISSA

Nach dem Bachelor bin ich mit einer Freundin längere Zeit durch die Welt. Und in manchen Momenten oder als wir mal abends feiern waren, stand ich so da und dachte nur: »Mensch, was mache ich hier eigentlich?« Ich kann die Sprache noch nicht mal. Irgendwo in Südostasien waren wir, vielleicht war's Vietnam. Meine Freundin ist früher schlafen gegangen und ich war mit irgendwelchen anderen Leuten unterwegs und eigentlich war's superlustig. Aber es gab da so einen Moment, wo ich mich sehr allein gefühlt habe und dachte: »Was ist hier eigentlich los?«

Andere Stimmen wie z.B. Jakob Simmank (2020) sagen, dass Einsamkeit auch im jüngeren Lebensalter dazugehöre, weil im frühen Erwachsenenleben große Herausforderungen und Veränderungen anstehen. Es seien Phasen der Neuorientierung und Selbstfindung und somit ein normaler und auch notwendiger Teil des Lebensprozesses.

Geschlecht

Bei der Frage nach dem Zusammenhang zwischen Einsamkeit und Geschlecht herrscht keine Einigkeit unter den Forschenden. In einigen Studien ist zu lesen, dass Frauen eher einsam sind als Männer (Pinquart & Sörensen 2001; Tesch-Römer 2012, splendid research 2019). Dagegen stehen andere Ergebnisse, die das weibliche Geschlecht in dieser Hinsicht als widerstandsfähiger und stärker beschreiben (Heylen 2010) und andere, die das Geschlecht als gar keine relevante Größe in diesem Kontext bewerten. Sie sagen, dass es hinsichtlich Einsamkeitsgefühlen mehr Gemeinsamkeiten als Unterschiede zwischen den Geschlechtern gibt (Maes u. a. 2019; Wagner u. a. 2010).

Wie kommen solche unterschiedlichen Bewertungen zustande? Unter der Variable »Geschlecht« können sich unendlich viele Lebenssituationen versammeln. Genau wie beim Alter kommen hier andere Faktoren zum Tragen, die das Einsamkeitsrisiko beeinflussen. So können Frauen zum Beispiel hohe finanzielle Ressourcen haben, die ihnen die Teilhabe am sozialen Leben leichter machen, sie können sich gesund und mobil fühlen und in eine gute Nachbarschaft eingebunden sein. Genauso kann eine Frau aber auch in weniger gut situierten und instabileren sozialen Verhältnissen leben und aufgrund dessen eher von Einsamkeit betroffen sein. Allein das Merkmal des Geschlechts verrät wenig über das Risiko, isoliert zu sein und sich einsam zu fühlen.

Forschende stellen Unterschiede beim Einsamkeitserleben von Frauen und Männern fest. So fühlen sich Frauen vor allem dann eher einsam als Männer, wenn sie verheiratet sind. Betrachtet man lediglich unverheiratete Frauen, ergeben sich keine Unterschiede mehr zwischen den Geschlechtern, so Pinquart und Sörensen (2001). Dagegen behaupten Lippke u. a. (2021), dass Männer sich als Single eher einsam fühlen als Frauen. Hier scheinen die Erwartungen an Beziehungen eine große Rolle zu spielen und die unterschiedlichen Zahlen zum Teil zu begründen. Ein weiterer Punkt ist die Beobachtung der Gesundheitsforschung, dass Frauen eher dazu bereit sind, über ihre Probleme, auch die seelischen, zu sprechen. Auch dies kann die Verteilung der Einsamkeitswerte zwischen den Geschlechtern beeinflussen und dazu führen, dass Frauen als einsamer erscheinen. Dabei heißt es zunächst nur, dass mehr Frauen als Männer zugeben, sich einsam zu fühlen.

In der Altersgruppe ab 65 Jahren gibt es deutlich mehr Frauen als Männer. Dieser Trend wird auch »Feminisierung des Alters« genannt und führt dazu, dass Frauen im hohen Alter eher allein leben – mit besonderen Risiken.

In meiner Arbeit beim Kommunalen Sozialdienst habe ich eine Frau kennengelernt, bei deren Lebenssituation diese Risiken sichtbar werden.

BEISPIEL

Frau Stielhoff ist 94 Jahre alt und wohnt in einer Dreizimmerwohnung in einem Mehrfamilienhaus mit elf anderen Parteien. Vor fünf Jahren ist ihr Ehemann gestorben und sie lebt seitdem allein. Ihr einziger Kontakt ist der Menüdienst, der sie mit warmem Essen versorgt und den Kommunalen Sozialdienst kontaktiert, wenn die Mitarbeiterinnen sich Sorgen machen. Im Gespräch berichtet Frau Stielhoff, dass sie die gemeinsamen Bekanntschaften, die sie und ihr Mann hatten, nicht weitergeführt hat. Außerdem sei sie schon lange nicht mehr gut zu Fuß. Im Gespräch offenbart sie, dass sie ohne ihren Mann ohnehin gar nicht wisse, mit wem sie reden solle, er habe immer alles geregelt und ohne ihn könne sie nicht einfach irgendwo hingehen wie früher. Sie wolle auch gar keinen Kontakt mehr mit Bekannten. Zum Arzt gehe sie grundsätzlich nicht – sie müsse sich alleine um ihre Gesundheit kümmern und sie habe noch nie einen Arzt gebraucht. Seit sie im letzten Herbst auf dem Weg zur Mülltonne gestürzt ist, hat sie auch diesen Weg aus ihrem Alltag gestrichen. Der einzige Sohn lebt am anderen Ende Deutschlands. Aufgrund ihres hohen Alters kann Frau Stielhoff nur sehr schwer sehen und hören, was das Telefonieren für sie immer schwieriger macht. Auch ihren Fernseher kann sie nicht mehr allein bedienen.

Einzig das Radio spielt den ganzen Tag, es ist ihre Verbindung zur Außenwelt. Mit keinem der vielen Menschen in dem großen Haus hat sie Kontakt und sie möchte auch keinen. Auf einen Pflegedienst kann sie sich kaum einlassen, weil sie Angst hat, dass dies zu viel kosten wird. Sie fürchtet die Nähe anderer Menschen. Sie beschreibt sich selbst als sehr einsam und sagt, sie lebt so vor sich hin, wartet, dass das Leben mal zu Ende geht. Sie habe nun wirklich genug gelebt, sagt sie.

Starre Rollenbilder, die zur Folge haben, dass Frauen keine oder nur wenige eigenständige Kontakte außerhalb der Familie haben, Kinder, die oftmals weit entfernt leben – das führt im Fall von Frau Stielhoff zu Einsamkeit und Isolation. Durch die altersbedingten gesundheitlichen Einschränkungen fehlen die Kräfte, sich aus der Isolation zu lösen. Und wenn man hört, das Frau Stielhoff jede Hilfe von außen ablehnt, wird der Teufelskreis starker und lang anhaltender Einsamkeit sichtbar.

Am Beispiel von Frau Stielhoff sieht man, welches extreme Ausmaß die Einsamkeit erreichen kann, wenn mehrere Risikofaktoren zusammenkommen.

Weil ich in den Studien zur Einsamkeit nur die Geschlechterkonstruktionen »Frau« und »Mann« gefunden habe, beziehe ich mich in diesem Kapitel nur auf diese Personengruppen. Nach allem, was wir bisher über Einsamkeit herausgefunden haben, wäre es denkbar, dass Menschen mit einer non-binären Identität, die sich also weder als »Frau« noch als »Mann« fühlen, mit einem erhöhten Einsamkeitsrisiko leben. Es könnte ein besonderes Risiko bestehen, sich nicht verstanden oder dazugehörig zu führen.

MERKE Untersuchungen über die Einsamkeitsgefühle von non-binären Menschen, Transpersonen und anderen Geschlechtskonstruktionen wären höchst interessant und unserer Zeit angemessen. Hier wird sich die Einsamkeitsforschung ganz sicher noch mit vielen Fragen beschäftigen.

Beziehungen: Qualität statt Quantität!

Forschende haben herausgefunden, dass wir maximal fünf Vertrauenspersonen haben können, mit denen wir eine Beziehung in Form von regelmäßiger Kommunikation, gemeinsamer Aktivitäten, Gedanken und Gefühlsaustausch aufrechterhalten können (Dunbar 1993). Unser weiteres soziales Netz ist auf einhundert bis zweihundert Personen begrenzt – hierzu zählen Menschen aus der Nachbarschaft und dem Arbeitsumfeld, Bekannte und Verwandte (Dunbar 1993). Auch wenn man sich über die konkreten Zahlen streiten kann, so zeigt die Studie doch ganz klar: Unsere emotionale und soziale »Beziehungsfähigkeit« hat Grenzen. Laura beschreibt ihr soziales Netz genauso:

BEISPIEL LAURA

In der Zeit, in der ich hier studiert habe, habe ich mir ein neues Netz aufgebaut und habe da zwei sehr gute Freundinnen und meinen Freund gefunden. Und das sind so die Hauptbezugspersonen, die ich tatsächlich auch brauche. Diese drei Personen sind mir sehr wichtig. Und dann kenne ich noch ein paar andere Leute, wenn ich die sehe, ist es auch mal ganz schön, Hallo zu sagen, aber ich bin eher mit einem kleinen Freundeskreis zufrieden.

Wichtiger als die Netzwerkgröße ist die Beziehungsqualität. Beziehungen können Menschen nur dann vor Einsamkeitsgefühlen schützen, wenn sie als positiv erlebt werden (Pinquart & Sörensen 2001; Hawkley & Kocherginsky 2018). Die Prioritäten verändern sich im Lauf des Lebens: Während junge Menschen eher mit vielen und oft wechselnden Kontakten zufrieden sind, wird mit höherem Lebensalter die Verbindlichkeit und tiefe Verbundenheit zu eher wenigen Menschen wichtig. Zu diesem Wandel kommt es meist um das 30. Lebensjahr (Luhmann & Hawkley 2016).

Wann konkret wird eine Beziehung als positiv empfunden? Wie muss eine Freundschaft oder eine Partnerschaft gelebt werden, damit sie uns vor Einsamkeit schützt? Was muss gegeben sein, damit wir uns in einer Beziehung verbunden und glücklich fühlen?

Die Menschen, die mit mir für dieses Buch gesprochen haben, haben diese Fragen so beantwortet:

BEISPIEL LAURA

Wichtig ist, dass man über alles reden kann, auch dann, wenn man mal eine schlechte Phase hat. Dass man nicht gleich die Freundschaft beendet, nur weil sich vielleicht mal eine Person zurückzieht, viel Stress auf der Arbeit hat und sich nicht meldet oder was weiß ich. Dass man so akzeptiert wird, wie man ist.

BEISPIEL JANA

Für mich ist wichtig, dass man reden kann über das, was einen beschäftigt. Und dass die andere Person versucht, es zu verstehen. Dann ist es für mich wichtig, dass man Momente teilt, in denen man Spaß hat und zusammen lacht. Mit manchen Leuten spiele ich gerne Karten, mit anderen gehe ich lieber raus. Am coolsten ist natürlich, wenn man positive Erinnerungen an etwas hat, über die man sprechen kann. Und dass man nicht perfekt sein muss, weil die andere Person einen grundsätzlich als positiv wahrnimmt. Die andere Person sollte verstehen, dass es nur menschlich ist, auch mal Fehler zu machen. Sodass ich mir in der Freundschaft auch mal erlauben kann, Fehler zu machen – was mir das sonst sehr schwerfällt.

Sie erzählt von ihrer Mitbewohnerin und wie diese Person ihr Leben bereichert:

BEISPIEL JANA

Wir wohnen seit neun Monaten zusammen. Wir waren befreundet, bevor wir zusammengezogen sind. Ich kenne sie über politischen Aktivismus. Wir haben uns kennengelernt, als ich hier war für mein Freiwilliges Soziales Jahr. Ich kannte damals noch niemanden, sie hat sich immer gefreut, wenn ich da war und hat mich angesprochen. Und dann hat sich daraus eine Freundschaft entwickelt und später hat es sich ergeben, dass wir zusammengezogen sind. Sie bringt sehr viel Abwechslung in mein Leben, weil sie von so vielen Dingen begeistert ist. Und die möchte sie mir dann unbedingt zeigen und wir verbringen dann zusammen Zeit, um Filme oder Serien zu schauen, kochen zusammen, gehen zusammen zu irgendwelchen Veranstaltungen. Während Corona ist das ja schwieriger, aber wir sind auch schon mal spontan in eine andere Stadt gefahren. Es ist schön, dass ich nicht allein bin zu Hause und sie mal husten oder den Boden knarzen höre. Es ist gut zu wissen, dass man nicht jedes Problem alleine lösen muss, man kann sich mit jemandem besprechen.

Adalbert erzählt von einer Freundschaft, die ihm sehr viel Kraft gibt:

BEISPIEL ADALBERT

Ich habe in der Tagesklinik eine dreizehn Jahre ältere Frau kennengelernt, die zu einer sehr guten Freundin wurde. Dadurch, dass wir uns in diesem Safe Space so ehrlich austauschen haben, war unser Kontakt von Anfang an sehr offen und unverhüllt. Wenn man jetzt bildlich sprechen möchte: Wir haben uns halt »nackt« kennengelernt. Und da gab es dann keine Argumente, das Gegenüber anzulügen. Jedes Mal, wenn ich mit ihr rede, hilft mir das sehr. Wir haben unregelmäßig Kontakt, wir treffen uns immer dann, wenn wir Zeit, Kraft und Lust dazu haben. Sie gibt mir viel Wertschätzung. Ich kann mich so richtig schlecht fühlen, aber wenn ich dann mit ihr rede und ihr davon erzähle oder wenn ich mir nur vorstelle, ihr davon zu erzählen und mir vorstelle, was sie mir antworten würde, dann fallen mir nur positive Dinge ein.

Pinquart und Sörensen (2001) haben herausgearbeitet, dass Freundschaften (eher als Familien) die Kraft haben, vor Einsamkeit zu schützen. Sie begründen das damit, dass Freundschaften – im Gegensatz zur Familie – selbst gewählt sind und stärker auf gemeinsamen Werten, Interessen und Lebensweisen basieren.

Manuela kennt diese Unterschiede aus eigener Erfahrung.

BEISPIEL MANUELA

Für mich war die Kindheit und Jugend eine Phase der Einsamkeit. Ich fühlte mich von meinen Eltern nicht besonders unterstützt und wertgeschätzt. Meine Eltern hatten viele Probleme mit sich selbst, haben auch viel gestritten, da blieb gar nicht viel Raum für schöne und positive Sachen. Zuhause war irgendwie immer ein trauriger Ort für mich. Das wurde im Lauf meines Lebens immer besser und ich hatte und habe viele gute Freundschaften in meinem Leben. Das ist für mich ganz wichtig. Auch wenn es mir heute besser geht, auch mit meiner Familie, erlebe ich den Kontakt mit meiner Familie immer noch als anstrengend. Meine Freunde geben mir die Kraft, dass ich damit besser umgehen kann. Ich habe wunderbare Freundinnen, mit denen ich über alles reden kann, was mich belastet – und wir können auch einfach zusammen glücklich sein.

Positive Beziehungsmerkmale

- Vertrauen
- Verständnis
- Ehrlichkeit, ohne bewertet zu werden (hier kann ich sein, wie ich bin)
- Das Beste für die andere Person wollen
- Ausgewogenheit
- Grenzen respektieren
- Gemeinsames Handeln und Entscheiden
- Spaß zusammen haben
- Unterstützung
- Zuverlässigkeit

Lebensereignisse

Einige Lebensereignisse sind mit Einsamkeitsgefühlen verknüpft. Bei manchen Ereignissen ist das sofort nachvollziehbar, z. B. nach dem Verlust einer geliebten Person. Andere Lebensereignisse wie die

Geburt eines Kindes würde man wahrscheinlich nicht unbedingt auf den ersten Blick mit Einsamkeit verbinden.

Einsamkeit ist ein Teil des Lebens und kann immer wieder auftreten, vor allem dann, wenn wir uns verändern oder auf Veränderungen in unserem Leben reagieren müssen (Simmank 2020; Buecker u. a. 2020a). Der Umgang mit solchen Übergangsphasen kostet uns viel Kraft. Die Art und Weise, wie es uns gelingt, diese Herausforderungen zu bewältigen, bestimmt unser Wohlbefinden erheblich.

Umzug →

BEISPIEL LAURA

Zum ersten Mal bin ich mit 14 umgezogen. Ich bin schon öfter umgezogen mit meiner Familie. Aber mit 14 Jahren das war ein ganz krasser Schnitt, da habe ich mich tatsächlich auch sehr einsam gefühlt. Von einem Moment auf den anderen war ich weg von der besten Freundin, weg von der Schule. Das ganz alleine durchzustehen, war hart.

Die Gefühle, die Laura hier beschreibt, gehören für viele Menschen zu einem Wohnortswechsel dazu. Gerade für Kinder und Jugendliche fühlt sich diese Situation nicht selbstbestimmt an und so, als würde sich alles im Leben ändern.

Franziska erzählt davon, wie sie als junge Erwachsene endgültig von ihren Eltern weggezogen ist, um eine Hauswirtschaftslehre zu machen.

BEISPIEL FRANZISKA

Mit 18 Jahren bin ich aus meinem Elternhaus ausgezogen. Und dann war da dieses Gefühl des Endgültigen: Man ist raus aus dem

Nest. Und strukturiert sich sein eigenes Leben selbst: Was will ich, worauf habe ich Lust, welche Werte sind mir wichtig, wie möchte ich mein Leben gestalten? Zwischendurch war das ganz schön einsam.

Eine andere Situation, von der Franziska erzählt, ist die Trennung von ihrem Partner:

Trennung →

BEISPIEL FRANZISKA

Trennung ist für mich immer mit Einsamkeit verbunden. Der Partner ist weg und mit dem Partner gehen dann auch die gemeinsamen Freunde. Da ändert sich ganz viel. Ich habe immer das Gefühl gehabt, dass nach einer Trennung die meisten Freunde beim Mann bleiben. Gut, mein Partner war auch dort aufgewachsen, ich nicht. Ich war jung und ich hab's auch so gewollt. Aber da fielen dann Kontakte weg. Wo man vorher mitgefeiert hat, wurde er dann eingeladen und ich nicht mehr. Und dann kommt das Selbstwertgefühl dazu, dass mit Anfang 20 vielleicht noch nicht so gut ist. Das war schon eine einsame Phase.

Verlust und Trauer → Der Verlust eines geliebten Menschen kann uns in den Grundfesten erschüttern. Für Manuela brach eine Welt zusammen, als ihre Großmutter gestorben ist.

BEISPIEL MANUELA

Ich habe meine Oma sehr geliebt – ich wollte als Kind immer Zeit mit ihr verbringen. Ich habe mich bei ihr geborgen gefühlt. Die letzten Jahre ihres Lebens war sie sehr krank, sie konnte nicht mehr sprechen und war im Pflegeheim. Trotzdem war ich am Ende, als ich erfahren habe, dass sie gestorben ist. Ich habe geweint ohne Ende, richtig geschrien vor Schmerz. Es war, als hätte man mir etwas aus der Brust gerissen.

Franziska erzählt von dem plötzlichen Unfalltod ihres Cousins, zu dem sie ein enges Verhältnis hatte. Sie konnte nicht zur Beerdigung fahren und fühlte sich mit ihrer Trauer allein.

BEISPIEL FRANZISKA

Als ich so allein war, da habe ich mir erst mal eine Kerze angemacht. Und ich habe gedacht, dass ich lieber bei der Familie gewesen wäre. Und mit zur Kirche und bis zum Grab hätte gehen können. In dem Moment war ich ganz allein zu Hause. Mein Mann kennt im Grunde meine Eltern, meine Geschwister und vielleicht mal Tante und Onkel, aber für ihn ist das halt anders. Ich glaube nicht, dass er das nachvollziehen kann. Und dann war ich doch einsam damit.

Geburt des ersten Kindes und postpartale Depression → Große Lebensereignisse haben immer das Potenzial, uns zu überfordern, sogar wenn es sich um lang ersehnte und zutiefst erwünschte Ereignisse handelt. Überraschenderweise ist die Geburt des ersten Kindes für viele Menschen mit erhöhten Einsamkeitsgefühlen verbunden (Buecker u. a. 2020 a). Dieser Effekt setzt ungefähr ein Jahr nach der Geburt des ersten Kindes ein. Es können sowohl Frauen als auch Männer betroffen sein. Durch die Veränderung des Lebens hin zum Elterndasein verändern sich die Sozialstrukturen beider Elternteile enorm und diese Veränderungen können zu Einsamkeitsgefühlen führen. Vielen fällt es beispielsweise schwer, Freundschaften und gewohnte Sozialkontakte weiter zu pflegen, womit eine große Quelle sozialer und emotionaler Verbundenheit wegfallen kann.

Die Geburt eines Kindes kann zudem auch mit einem weiteren Risiko zusammenhängen, über das nicht gern gesprochen wird: der postpartalen Depression, auch Wochenbettdepression genannt. Circa 10 – 15 Prozent der Mütter sind betroffen und auch Väter können an dem Phänomen erkranken, dies trifft auf ca. 10 Prozent zu (Postpartale Depression Schweiz 2022). Obwohl die postpartale Depression also eine Herausforderung für viele Familien ist, fühlen sich viele Betroffene mit dem Problem allein und sprechen nicht über ihr Leid.

Eine Geburt ist mit hohen gesellschaftlichen Erwartungen verbunden und wird oft sehr einseitig positiv dargestellt. Die extremen Belastungen, die mit einer Geburt und dem Leben mit einem Säugling einhergehen – Schmerzen, Stress, Schlafmangel, viele neue Aufgaben, Erschöpfung – finden keine angemessene Beachtung in der Öffentlichkeit. Viele Frauen empfinden sich deshalb als unzulänglich, wenn sie neben dem »Mutterglück« auch negative Gefühle empfinden. So ist die postpartale Depression, obwohl sie bei mehr als jeder zehnten Frau vorkommt, mit einem Stigma verbunden. Und weil dies verhindert, dass die Eltern sich anvertrauen und über ihre Gefühle sprechen, führt der Weg häufig in eine starke Einsamkeit.

Dass auch so viele Männer betroffen sind, ist ein Beleg dafür, dass es sich bei postnatalen Depressionen nicht nur um ein hormonelles Tief handelt, sondern um eine heftige Reaktion auf die große Veränderung im Leben der Familie. Die Geburt eines Kindes ist eine grundlegende Veränderung und kostet viel Kraft. Einen Lösungsansatz sehen Betroffene deshalb auch oft darin, sich selbst mitzuteilen und über ihre Gefühle zu reden, für die sie sich schämen:

BEISPIEL

Aber was ich ehrlich gesagt am heilsamsten finde, ist darüber auf Instagram zu erzählen. Ich dokumentiere da sowohl die Tiefpunkte als auch die Höhen der postnatalen Depression. Ich finde es wichtig, mich mit Leuten zu umgeben, die mich nicht bewerten. Viele Frauen leiden im Stillen, weil sie sich so sehr schämen. Ich habe auch einen Podcast mit dem Namen »Mothering Through Postpartum Depression« (Als Mutter durch die postnatale Depression). Mein Rat wäre: Egal wie peinlich es dir ist – das, was du da durchmachst, ist kein Grund, sich zu schämen. Es gibt viele Frauen, die wissen werden, wie du dich fühlst. Ich wünschte, ich hätte gewusst, dass es viel weiter verbreitet ist, als ich anfangs dachte und dass ich nicht verrückt bin. Wir brauchen mehr als die Routine-Untersuchung nach sechs Wochen: In jeder Arztpraxis sollten Broschüren über postnatale Depression und ihre Risiken ausliegen (Weinstock 2021).

MERKE Die postpartale Depression stellt insbesondere deshalb ein Einsamkeitsrisiko dar, weil Betroffene sich oft nicht trauen, über sie zu reden. In der Rolle der Mutter oder des Vaters womöglich schon zu Beginn zu versagen, weil man nicht die erwarteten Gefühle empfindet, stellt eine riesige Hürde dar. Deshalb ist es umso wichtiger, alles dafür zu tun, damit dieses Thema von den Betroffenen leichter angesprochen werden kann. Nur dann lässt sich fachkundige und qualifizierte Hilfe organisieren. Eine postpartale Depression ist kein seltenes Phänomen und sollte kein Gefühl der Scham auslösen.

Das richtige Timing → Bücker u. a. (2020 a) berichten, dass große Lebensereignisse ganz besonders dann ein erhöhtes Einsamkeitsrisiko in sich bergen, wenn sie den gesellschaftlichen Erwartungen nicht entsprechen. Auch der Zeitpunkt spielt eine Rolle, wie Teenagermütter, jung Verwitwete oder sehr spät Geschiedene belegen. Es wird vermutet, dass in diesen untypischen Lebensereignissen Rollenvorbilder fehlen und Gleichaltrige nicht genügend Unterstützung bieten. Als Teenagermutter beschäftigen mich ganz andere Fragen als die, die andere Eltern auf dem Spielplatz haben. Dann finde ich nicht so leicht eine Person, mit der ich mich über die Schwierigkeiten austauschen kann, Schule und Kindererziehung unter einen Hut zu bringen. In der Psychologie und Sozialforschung wird in diesem Zusammenhang von »critical life events« gesprochen.

Fazit

Demografische Faktoren wie Familienstand, Wohnsituation, Wohnort, Alter oder Geschlecht haben keinen eindeutigen Einfluss auf das Einsamkeitserleben. Es scheint darauf anzukommen, wie die Lebenssituation im Einzelnen konkret ausgestaltet ist. Ich kann Single sein und gleichzeitig gute Freundschaften und Beziehungen in meiner Nachbarschaft pflegen, sodass ich mich nicht einsam fühle. Gleichzeitig kann ich in einer Partnerschaft leben, in der meine Erwartungen nicht erfüllt werden. Auch die Mediennutzung kann sehr unterschiedliche Effekte haben.

Ein großes soziales Netzwerk schützt uns bis zu einem gewissen Grad vor Einsamkeit, unsere soziale Kapazität hat allerdings Grenzen und letztlich ist die Qualität unserer Beziehungen entscheidender als die Quantität.

Die Generation der jungen Erwachsenen wurde bisher noch nicht intensiv in der Einsamkeitsforschung beachtet. Auch in dieser Gruppe sind Einsamkeitsgefühle weitverbreitet. Deren Ursachen scheinen neben anderen Faktoren mit einem zu hohen Maß an Wahloptionen und Unverbindlichkeit zu tun zu haben.

Die »critical life events« sind eine neuer Aspekt in der Einsamkeitsforschung. Je grundlegender die Veränderung im Leben ist, desto höher ist das Risiko, an Einsamkeit zu leiden. Dies gilt insbesondere, wenn der Zeitpunkt im biografischen Verlauf untypisch ist.

Bestimmte Lebensumstände erhöhen das Risiko für Einsamkeit deutlich. Dazu gehören: Arbeitslosigkeit und geringe finanzielle Ressourcen, eine schlechtere subjektiv bewertete Gesundheit und eingeschränkte Mobilität sowie eine Behinderung oder eine Migrationsgeschichte. Besonders gefährlich wird es, wenn verschiedene Risikofaktoren zusammentreffen. Wenn eine Person beispielsweise eine Migrationsgeschichte hat und über geringe finanzielle Ressourcen verfügt, hat sie ein besonders hohes Einsamkeitsrisiko.

Einsamkeit kann deshalb nicht nur als individuelles Problem betrachtet werden. Politik und Gesellschaft sind gefordert, die Prävention und Stärkung sozialer Teilhabe in diesen Risikogruppen zu unterstützen und durch entsprechende Initiativen zu fördern.

Gesellschaftliche Faktoren

Es ist deutlich geworden, dass Einsamkeit nicht nur als individuelles Problem betrachtet werden kann. Der Weg aus der Einsamkeit kann nicht ohne Gesellschaft und Politik gefunden werden, wenn er nachhaltig sein soll. In diesem Kapitel beschäftigen uns die Fragen: »Welche

Werte unserer Gesellschaft fördern Einsamkeitsgefühle?«, »Was soll und kann die Politik tun?«, »Welche guten Ansätze gibt es schon?«, »Wie wollen wir als Gesellschaft leben? Was ist gut für uns?«.

Individualisierung vs. Gemeinschaft?

In Deutschland und auch in anderen Ländern gibt es so viele Einpersonenhaushalte wie noch nie (destatis 2020). Alles spricht dafür, dass dieser Trend in den kommenden Jahren weiter zunimmt. Auslöser für die langen Phasen des Alleinlebens sind u. a. späte Hochzeiten, späte Familiengründungen und mehr Scheidungen.

Auch in der Konsum- und Alltagskultur bildet sich diese Entwicklung ab. Es gibt immer mehr Kurse und Bücher, die das Single-Dasein in den Mittelpunkt rücken. Single-Küchengeräte und Single-Portionen in den Kühlregalen der Supermärkte sind weitere illustrative Beispiele. Und seit dem Jahr 2019 gibt es nun auch den Singles Day. Ursprünglich war dieser Tag für Alleinstehende in China ins Leben gerufen worden. Singles sollen sich – als Pendant zum Valentinstag – Geschenke machen. Als Datum hat China den 11.11. gewählt – wegen der vielen Einsen.

Freiheit, Autonomie und Optionenvielfalt für das Individuum → Gefeiert wird die Autonomie und Einzigartigkeit des Einzelnen. Im Zuge eines seit der Industrialisierung ansteigenden Wohlstands erfolgte eine Orientierung hin zum einzelnen Menschen, dessen Bedeutung, losgelöst vom Gruppenverbund, immer stärker betont wird. Alte Normen und Institutionen verlieren dadurch ihre Bindungskraft.

Eine der offensichtlichsten Ausprägungen dieser Entwicklung ist die Auflösung der klassischen Geschlechtsrollen. Frauen und Männer sind längst keinen so festgelegten Erwartungen, Regeln oder gar Gesetzen mehr ausgesetzt wie beispielsweise in den 1950er-Jahren. Mittlerweile ist es sogar möglich, in unserer Gesellschaft andere Geschlechtskonzepte zu leben – abseits von »Mann und Frau«. Oder das eigene äußere körperliche Geschlecht anzupassen.

Dazu kommt die Auflösung des klassischen Familienkonzeptes. Die Ehe, die ein Leben lang hält, wird immer seltener, Kinder ziehen oft weg und leben dann weiter entfernt von ihren Herkunftsfamilien als früher.

Auch mehr Freiheit auf dem Arbeitsmarkt ist eine Folge der Individualisierung, zum Beispiel gibt es keine offiziellen Einschränkungen mehr für Frauen wie noch in der Mitte des 20. Jahrhunderts, wo sie auf die Zustimmung ihres Ehemannes angewiesen waren. In diesem Sinne sind Frauen zum Teil Gewinnerinnen der Individualisierung. Zu den Fortschritten gehört auch die Herausbildung individuellerer Arbeitskonzepte: Teilzeitmodelle, Homeoffice-Optionen, Zeitsparkonten oder Sabbaticals erweitern die persönliche Autonomie. Die Arbeitnehmenden haben mehr Möglichkeiten, die Arbeit ihren Bedürfnissen anzupassen.

Insgesamt gibt es immer mehr Optionen in vielerlei Hinsicht: Menschen können ihrer Individualität Ausdruck verleihen in Form von Kleidung, Reisen, Wohnstilen, Ernährungsformen und anderen Konsumgütern. Die Wahlfreiheit im Hinblick auf Wohnen, Arbeiten und Konsum führt zu einer Pluralisierung der Lebensstile. Die Entfaltung der eigenen Lebensträume ist theoretisch so frei wie noch nie (Hradil 1995).

Schon früh hat der Sozialwissenschaftler Stefan Hradil diese Entwicklungen eingeordnet und ein Buch über die »Single-Gesellschaft« (Hradil 1995) veröffentlicht. Er beschreibt sie sehr differenziert und sieht in der zunehmenden Zeit, die Menschen allein verbringen, verschiedene Effekte. So wertet er die Single-Wohnung als »Spielwiese«: »Die Wohnung ist für Singles Sanatorium und Tankstelle, Spielwiese der eigenen Individualität, in der Wohnung leben Singles nicht selten ihre fiktive Familie aus.« (Hradil 1995, S. 37) Wir wissen nicht, welche Leben in den Einpersonenhaushalten stecken – vielleicht lebt der Mensch in einer Beziehung, aber das Paar teilt sich keine Wohnung, vielleicht stellt die Wohnung lediglich ein Domizil für die Arbeit in der Stadt unter der Woche dar, während die Person am Wochenende zur Familie aufs Land fährt. Alles scheint möglich und die Statistik kommt mit der Vielfalt der Lebensstile nicht mehr mit. Aus der Statistik, beispielsweise der viel zitierten über die Einpersonenhaushalte, lässt sich dazu nicht viel ablesen.

Ja, ich will mich → Zur Perfektion geführt wird das Prinzip der Individualisierung in der Sologamie, der »Heirat mit sich selbst«. Der moderne Trend der Sologamie soll Menschen die Möglichkeit geben, sich und ihre Selbstliebe zu feiern. Ihren Ursprung hat die Heirat mit sich selbst in den USA, wo es bereits Veranstaltungsunternehmen für dieses Konzept gibt. So haben auch Alleinstehende die Möglichkeit, eine Hochzeit in all ihrer Feierlichkeit zu erleben. Zwar besitzen Selbsthochzeiten keine rechtliche Gültigkeit, jedoch werden sie oft ganz ähnlich strukturiert und zelebriert wie klassische Hochzeiten: mit Gästen, einer verzierten Torte, Hochzeitsgeschenken. Einige Bräute lassen sich sogar von ihrem Vater zum Traualtar geleiten, an dem sie sich die Selbstliebe schwören. Die Sologamie ist ein weibliches Phänomen – von Männern wird dieses neue Ritual selten durchgeführt (Dürrholz 2017).

Selbstverantwortung und Leistungsorientierung → Die freie Entfaltung des Selbst und das Ausleben der individuellen Wünsche und Lebensziele sind nicht für alle Menschen gleichermaßen möglich. An dieser Stelle gilt es deshalb, ein paar andere Facetten der Individualisierung zu betrachten.

Die immer größere Freiheit, das eigene Leben zu gestalten, bedeutet gleichzeitig, auch eine steigende Verantwortung für das im Leben Erreichte übernehmen zu müssen. Neu und Müller finden treffende Worte, wenn sie in ihrem Gutachten zu Einsamkeit schreiben: »Singularisierung, Einzigartigkeit und Selbstverwirklichung muss man sich erlauben können. So kennt dieses Spiel mit der vermeintlichen Einzigartigkeit nicht nur strahlende Gewinner. Wer diese – zumeist unausgesprochenen – Voraussetzungen nicht erfüllt, hat es folglich schwer. Zu dick, zu alt, zu arm? Keinen sexy Job in der Medienbranche? Chronisch krank, depressiv? Die ›Gesellschaft der Singularitäten‹ erzeugt mithin ihre eigenen Ungleichheiten, Sieger und Verlierer.« (Neu & Müller 2020, S. 55)

Die »Sieger und Verlier«, die Neu und Müller hier benennen, sind Ergebnis eines Leistungs- und Wettbewerbsdenkens, das bei der Individualisierung mitschwingt. Und hier lässt sich eine beunruhigende Brücke zu den psychischen Mechanismen der Einsamkeit schlagen: Wettbewerbsdenken fördert Einsamkeit. Was zu Einsamkeitsgefühlen einer einzelnen Person führt, kann – vermittelt durch gesellschaftliche Werte – auch eine kollektive Tendenz zu mehr Einsamkeit bedeuten. So kommt es zu einem Konflikt zwischen dem Verlangen nach Autonomie und dem nach Zugehörigkeit ohne Wettbewerb und Leistungsorientierung – ein Konflikt, der nur schwer aufgelöst werden kann.

Die Rolle von Bund, Ländern und Kommunen

Aufgrund der bedrückenden Entwicklungen und Erkenntnisse sowie der öffentlichen Aufmerksamkeit der letzten Jahre hat sich auch die Politik dem Thema Einsamkeit angenommen und investiert in die Förderung von relevanten Projekten und Initiativen.

Derartige Maßnahmen betreffen oft Menschen, die aus äußeren Umständen, meist aufgrund hohen Alters, von Einsamkeitsgefühlen betroffen sind. Außen vor bleiben Menschen, die durch innere Umstände, wie eine negative innere Grundhaltung, Einsamkeitsgefühle erleben.

So zeichnete Franziska Giffey in ihrer Funktion als Bundesseniorenministerin im Frühjahr 2019 verschiedene Initiativen gegen Einsamkeit im Alter in ganz Deutschland aus. Auszeichnungen und Fördergelder erhielten Initiatoren u. a. für Mehrgenerationenhäuser, Besuchs- und Begleitprojekte sowie Sport- und Bildungsangebote (Bundesministerium für Familie, Senioren, Frauen und Jugend 2019).

Die Corona-Pandemie und die durch sie ausgelöste Aufmerksamkeit für Einsamkeit kann dazu beitragen, neue Zielgruppen – als Ergänzung zur Gruppe der Älteren – anzusprechen. Dieser Prozess steht noch am Anfang und (mehr) Handeln auf politischer Ebene wird von verschiedenen Stimmen gefordert. Maike Luhmann (2021) hat einige Forderungen in einer öffentlichen Stellungnahme ausformuliert:

- Forschung zu Einsamkeit in Deutschland fördern
- Stakeholder (Initiativen, Projekte, vor allem auch die ehrenamtlichen) vernetzen und (finanziell) unterstützen
- Alle politischen Ressorts sensibilisieren (denn Einsamkeit ist ein Querschnittsthema und berührt sogar die Verkehrspolitik)

- Einsetzung von Einsamkeitsbeauftragten, wie es sie beispielsweise in England gibt

Der Sozialverband Deutschland (SOVD) hat das Thema Einsamkeit ebenfalls in seine Agenda aufgenommen und sieht als Lösung nur eine inklusive und solidarische Gesellschaft, »die niemanden zurücklässt«. Ein Wertwandel hin zu mehr sozialer Wärme und Zusammenhalt ist laut dem SOVD die große Aufgabe des Sozialstaates und nur zu verwirklichen, indem Armut bekämpft und die Daseinsvorsorge gestärkt wird (Sozialverband Deutschland 2019).

Prävention und Stärkung von Risikogruppen → Um Einsamkeit vorzubeugen, gilt es, die erkannten Risikogruppen zu stärken – neben den Älteren zum Beispiel Alleinerziehende. Familienzentren nehmen eine Schlüsselrolle ein, wenn es um die Prävention bei Familien und jungen Menschen geht. Eine Förderung in frühen Lebensjahren kann die Fähigkeit, im späteren Lebensalter mit Einsamkeitsgefühlen und schwierigen Ereignissen umzugehen, positiv beeinflussen.

Aufwertung der Care-Arbeit als Schlüssel → Jakob Simmank sieht als eine Ursache für Isolation und Einsamkeit in unserer Gesellschaft den Umstand, dass pflegerische und sorgende Tätigkeiten, z. B. Pflegefachkräfte, Mitarbeitende der Altenhilfe oder der Kinder- und Jugendarbeit, nicht genügend wertgeschätzt und entlohnt werden (Simmank 2020). Deshalb fordert er in seinem Buch einen gesellschaftlichen Wandel und eine Aufwertung der »Care-Arbeit«. Hierin liegt ein Schlüssel zu weniger Isolation und Einsamkeit: »Von Liebe und Mitgefühl, Freundschaft und Empathie getragene Beziehungen formen ein Netz sozialer Beziehungen, das dafür sorgt, dass Menschen, die Hilfe brauchen, ein Teil der Gesellschaft bleiben. Auf Neudeutsch heißt das Care-Arbeit. Und obwohl Care-Arbeit wahnsinnig wichtig ist, sind wir als Gesellschaft furchtbar schlecht darin, sie zu würdigen.« (Simmank 2020, S. 76)

Denn tatsächlich arbeiten beispielsweise Pflegekräfte schon lange unter schwierigen Bedingungen, der Fachkräftemangel in diesem Bereich führt zu einer immer höher werdenden Belastung für die einzelnen Pflegekräfte. Einsamkeit und Isolation sind deshalb nicht nur eine Gefahr für die hilfe- und sorgebedürftigen Menschen, sondern auch für die Menschen, die diese Arbeit ausüben. Rita erzählt von den Risiken aus dem Arbeitsalltag als Pflegekraft:

BEISPIEL RITA

Dann machst du dein ganzes Leben lang diesen Job und bist am Ende völlig kaputt. Psychisch und körperlich. Und was hast du davon? Du wirst einsam, denn du hattest nie Zeit und wo ist dein soziales Netz? Das hast du dann schön im Laufe der Jahre abgebaut. Gerade die Leute, die viel tun für dieses System, sind die, die dann am Ende alleine dastehen. Und krank werden und niemanden haben, mit dem sie drüber reden können. Den Arbeitgeber interessiert das nicht. Und deswegen bin ich da so streng. Ich habe auch schon mal eine Schicht abgesagt. Das musste ich aber lernen. Ich habe das schon so oft erlebt, dass Kolleginnen nicht gut für sich sorgen konnten. Gerade neulich habe ich mit einer Kollegin gesprochen, die ist dann auch noch privat zu einer Kundin gefahren. Und ich weiß, dass die Zeit mit ihrer Familie sehr darunter leidet. Sie gibt auch privat Geld aus für die Kunden, sie gibt da ganz viel auf. Und das sind diese typischen »Ordensschwestern«, die 24/7 für ihre Kunden und Kollegen abrufbereit sind. Die noch die fünfzehnte Schicht in Folge machen, weil es Frau Meyer so schlecht geht. Aber das macht dich kaputt. Und du musst selbst aufpassen, sonst macht das niemand für dich.

Beitrag zur Entstigmatisierung → Wir haben schon an mehreren Stellen dieses Buches gesehen, dass das Stigma und die Schamgefühle rund um das Erleben von Einsamkeit die Auseinandersetzung und damit auch den Heilungsprozess erschweren und verhindern können. Die Politik sollte hier Verantwortung übernehmen und die Art und Weise, wie wir öffentlich über Einsamkeit sprechen, mitgestalten. Wie wäre es zum Beispiel, Einsamkeit nicht vorwiegend mit dem hohen Lebensalter zu verbinden, Einsamkeit nicht so oft anhand einer einzelnen isolierten Person darzustellen und die fälschliche Klassifizierung von Einsamkeit als Krankheit nicht mehr medial zu unterstützen? Einsamkeit hat verschiedene Facetten und ist ein Gefühl, das im Lauf eines Lebens jeden Menschen betreffen wird. Würde Einsamkeit in der Öffentlichkeit wirklichkeitsnäher kommuniziert, würde es den Menschen womöglich auch leichter fallen, über ihre Einsamkeitsgefühle zu sprechen.

Was sollten die Kommunen nun tun? → Ein Wertewandel, der die ganze Gesellschaft betrifft, lässt sich nur langsam und schwer verwirklichen. Das braucht Zeit. Auch die Individualisierung brauchte Jahrzehnte, um das Niveau zu erreichen, auf dem wir heute leben.

Kommunen haben die Möglichkeit, Weichen zu stellen und durch verschiedene Maßnahmen ein Miteinander zu fördern und Einsamkeit entgegenzuwirken. Das bedeutet insbesondere, Räume zu schaffen, in denen Menschen sich begegnen können. Diese öffentlichen Orte sollten attraktiv sein, zum gemeinsamen Verweilen motivieren, ohne Konsumzwang, und möglichst in einer großen Anzahl, sodass es für jeden Menschen möglich ist, innerhalb von zwanzig Minuten dorthin zu gelangen. Dabei kann eine Kommune Treffpunkte wie beispielsweise Nachbarschaftstreffs oder »Bürgerhäuser« entstehen lassen und auch auf bereits bestehende Strukturen zurückgreifen und diese um eine gesellige Komponente erweitern, beispielsweise um Bibliotheken oder Sporthallen.

SCHON GEWUSST?

In Udenhout, einer Provinz in den Niederlanden, hat ein Supermarkt eine extra ausgewiesene »Kletskassa«, auf Deutsch »Plauderkasse«, eingeführt, an der sich die Angestellten bewusst Zeit für einen kleinen Plausch mit den Kunden nehmen. Dies tue den Kunden und auch den Angestellten gut, denn an dieser Kasse herrsche weniger Stress und Genervtsein, wenn es mal etwas länger dauert. Die Kette, zu der der Supermarkt gehört, plant, noch weitere solcher Plauderkassen in den anderen Filialen einzuführen (Erlenkämper 2021). So setzt dieser Supermarkt etwas um, das auf vielen Ebenen nützt – er schenkt Zeit für Miteinander.

Die »liebende Kommune« → In der dänischen Gemeinde Aarhus werden vielfältige bahnbrechende Maßnahmen umgesetzt, die das Ziel haben, ein gemeinsames Wohnen und Leben zu ermöglichen. Dass die Koordinierung solcher Maßnahmen im Health and Care Department angesiedelt ist, zeigt, dass der Ursprung auch hier in der Pflege, also vorwiegend im höheren Lebensalter zu finden ist. Allerdings ist Aarhus mit einem Durchschnittsalter von 37,5 Jahren eine relativ junge Kommune – und die Maßnahmen richten sich an alle Menschen in Aarhus, brechen also in der Umsetzung mit dem etablierten Fokus auf die ältere Generation. So beschreibt der Vorsitzende des Departments, Hosea Dutschke, das Ziel seiner Arbeit sei eine »liebende Kommune« zu ermöglichen, um so Einsamkeit und Isolation entgegenzuwirken – dies schließe alle Bevölkerungsgruppen ein (Deutschlandfunk 2021). Einsamkeit wird hier als etwas betrachtet, das Menschen jeden Alters treffen und sich im höheren Alter – bei fehlender Prävention oder Begegnung – besonders verschlimmern kann.

In Aarhus gibt es mittlerweile 37 multifunktionale Begegnungszentren. Auf Dänisch heißen sie »Folkestedet« und es besuchen sie ca. 6000 Menschen pro Woche. Hier treffen sich Vereine, Klubs und auch lose unorganisierte Gruppen, um gemeinsam Aktivitäten zu planen und durchzuführen oder einfach Zeit miteinander zu verbringen.

Eines dieser Folkestedets befindet sich in einem großen Mehrgenerationenhaus, dem »Haus der Generationen«, in dem Studierende, ältere und behinderte Menschen leben. Hier gibt es außerdem ein integriertes Theater, ein integriertes Pflegeheim sowie eine Einrichtung für Kinder zwischen 0 und 6 Jahren und ihre Familien. Der Austausch zwischen den Generationen wird so gefördert.

Ein weiteres Element auf dem Weg zur »liebenden Kommune« ist das *DokkX*: ein Ort, wo die Menschen neueste alltagsunterstützende Technik ausprobieren und sich informieren können. Das DokkX ist eine interaktive Dauerausstellung für Wohlfahrtstechnologie, auf der Interessierte und Firmen zusammenkommen, sich austauschen und vernetzen können.

Genlyd ist ein digitales schwarzes Brett für reale Begegnungen. Hier können sich Menschen niedrigschwellig verabreden – zum Beispiel zum gemeinsamen Kaffeetrinken, für Veranstaltungen und Sport. Menschen mit technischem Unterstützungsbedarf stehen echte analoge Moderationskräfte zur Seite.

Die Kommune und ihre Stadtverwaltung scheinen tatsächlich durch all diese einzelnen Projekte und Bausteine bereits viel von dem zu leben und umzusetzen, was auf kommunaler Ebene als Prävention gegen Einsamkeitsgefühle für die Menschen getan werden kann. Beeindruckend und wegweisend sind die großen Mengen an öffentlichem

Raum und auch Geld, die für das Ziel, Einsamkeit zu verringern, von der Politik bereitgestellt und investiert werden.

Fazit

Eine Betrachtung von Einsamkeit kann nicht ohne Berücksichtigung der Gesellschaft und ihrer Werte und Strukturen funktionieren. Einsamkeit ist ein politisches Thema, das hat die Politik erkannt und sie arbeitet an Lösungen. Kommunen kommt dabei eine Schlüsselrolle zu, denn sie können auf relativ einfache Weise konkrete Orte des Miteinanders anbieten und gestalten. Aarhus in Dänemark ist hier ein Vorbild.

Die Aufwertung der Care-Arbeit kann ein Schlüssel zu einem sozialen Miteinander und zur Reduktion von Isolation und Einsamkeit sein. Soziale Beziehungen sind elementar wichtig und das muss sich auch in den Gesellschaftsstrukturen widerspiegeln.

MERKE Letztlich geht es um die Frage, wie wir leben wollen. Welche Werte sind uns als Gesellschaft wichtig?

Was schützt vor Einsamkeit? Was hilft, Einsamkeit zu lindern?

- Selbstwert und Selbstliebe
- (Stress-)Resilienz und emotionale Stabilität
- Eine positiv erlebte Gesundheit
- Ein Netz aus guten Beziehungen
- Eine als sinnvoll empfundene Tätigkeit
- Gute materielle und soziale Sicherung
- Gute Erreichbarkeit von Gemeinschaftsorten

- Gute Nachbarschaft
- Gesunde Mediennutzung
- Ein offenes und tolerantes Umfeld
- Anerkennung der Vielfalt der Lebensformen
- Über Einsamkeitsgefühle und ihre Gründe reden (und sie nicht in sich hineinfressen)
- Über Belastungen reden, auch im beruflichen Kontext
- Verschiedene Interventionen (Psychotherapie u. a.), wenn bereits lang anhaltende und starke Einsamkeitsgefühle vorliegen

Selbsterforschung

Ab jetzt geht es in diesem Buch vor allem um dich. Wir wenden unseren Blick von dem gesamtgesellschaftlichen Phänomen hin auf deine persönliche Situation.

Und hier geht es genau darum: einmal nur in dich hineinzuhorchen. Deine Welt noch nicht bewusst zu verändern. Die Situation zu erspüren und dein Verhältnis zur Einsamkeit dabei erkunden. Denn oft hängt Einsamkeit mit anderen Gefühlen zusammen und es verstecken sich noch weitere Gefühle dahinter. Es lohnt sich, genau hinzusehen und dieses komplexe Gefühl zu differenzieren und aufzudröseln.

Lass dich also auf die folgenden Übungen und Fragen ein, um herauszufinden, welchen Bereichen du dich am ehesten zuwenden möchtest im nächsten Kapitel. In diesen Übungen geht es vor allem darum, sich selbst strukturiert zu betrachten und Fragen zu beantworten, die im Alltag häufig untergehen.

Einsamkeits-Fragebogen ausfüllen

Am Anfang dieses Buches (S. 30) ging es schon einmal um die Messung von Einsamkeit. Hier siehst du nun einen der am meisten verwendeten Fragebögen in der Einsamkeitsforschung: die UCLA-Loneliness-Scale in der deutschen Fassung von Nicola Döring und Jürgen Bortz (1993). In diesem Fragebogen siehst du die Merkmale, mit denen in der Forschung das Gefühl der Einsamkeit konkretisiert und heruntergebrochen wird.

Du kannst einfach mal versuchen, ihn auszufüllen. So gewinnst du einen ganz konkreten Einblick in die praktische Erfassung von

Einsamkeit und einen Eindruck von deiner eigenen Einsamkeit. Kreuze die für dich zutreffende Antwort an und zähle die Punkte in Klammern dahinter zusammen. Der Minimalwert lautet 20, der Maximalwert 100. Finde heraus, wo auf diesem Kontinuum du dich gerade befindest.

Beobachte neben dem Gesamtergebnis am Ende auch: Welche Fragen treffen bei dir einen wunden Punkt, wo zieht sich dein Bauch vielleicht etwas zusammen, wo merkst du, dass du mit etwas unzufrieden bist? Und wo merkst du, dass du zufrieden bist und Stärken hast?

ARBEITSBLATT 3 UCLA-Loneliness-Scale (Döring & Bortz 1993)

1. Ich fühle mich wohl mit den Menschen um mich herum.

- o stimmt gar nicht (5)
- o wenig (4)
- o teils-teils (3)
- o ziemlich (2)
- o völlig (1)

2. Ich habe genug Gesellschaft.

- o stimmt gar nicht (5)
- o wenig (4)
- o teils-teils (3)
- o ziemlich (2)
- o völlig (1)

3. Ich habe niemanden, an den ich mich wenden kann.

- o stimmt gar nicht (1)
- o wenig (2)
- o teils-teils (3)

- ziemlich (4)
- völlig (5)

4. Ich fühle mich allein.

- stimmt gar nicht (1)
- wenig (2)
- teils-teils (3)
- ziemlich (4)
- völlig (5)

5. Ich habe einen Freundeskreis.

- stimmt gar nicht (5)
- wenig (4)
- teils-teils (3)
- ziemlich (2)
- völlig (1)

6. Ich habe viel gemeinsam mit den Menschen um mich herum.

- stimmt gar nicht (5)
- wenig (4)
- teils-teils (3)
- ziemlich (2)
- völlig (1)

7. Ich fühle mich niemandem nah.

- stimmt gar nicht (1)
- wenig (2)
- teils-teils (3)
- ziemlich (4)
- völlig (5)

8. Die Leute um mich herum haben ganz andere Interessen und Ideen als ich.

- ○ stimmt gar nicht (1)
- ○ wenig (2)
- ○ teils-teils (3)
- ○ ziemlich (4)
- ○ völlig (5)

9. Ich bin ein geselliger Mensch.

- ○ stimmt gar nicht (5)
- ○ wenig (4)
- ○ teils-teils (3)
- ○ ziemlich (2)
- ○ völlig (1)

10. Ich habe Menschen, die mir nahestehen.

- ○ stimmt gar nicht (5)
- ○ wenig (4)
- ○ teils-teils (3)
- ○ ziemlich (2)
- ○ völlig (1)

11. Ich fühle mich ausgeschlossen.

- ○ stimmt gar nicht (1)
- ○ wenig (2)
- ○ teils-teils (3)
- ○ ziemlich (4)
- ○ völlig (5)

12. Meine Freundschaften sind oberflächlich.

- ○ stimmt gar nicht (1)
- ○ weniger (2)

- teils-teils (3)
- ziemlich (4)
- völlig (5)

13. Niemand kennt mich wirklich.

- stimmt gar nicht (1)
- weniger (2)
- teils-teils (3)
- ziemlich (4)
- völlig (5)

14. Ich fühle mich von den anderen isoliert.

- stimmt gar nicht (1)
- wenig (2)
- teils-teils (3)
- ziemlich (4)
- völlig (5)

15. Ich kann mit anderen zusammen sein, wenn ich das will.

- stimmt gar nicht (5)
- wenig (4)
- teils-teils (3)
- ziemlich (2)
- völlig (1)

16. Es gibt Menschen, die mich wirklich verstehen.

- stimmt gar nicht (5)
- wenig (4)
- teils-teils (3)
- ziemlich (2)
- völlig (1)

17. Ich bin zu viel allein.

- stimmt gar nicht (1)
- wenig (2)
- teils-teils (3)
- ziemlich (4)
- völlig (5)

18. Die anderen Menschen haben es schwer, an mich heranzukommen.

- stimmt gar nicht (1)
- wenig (2)
- teils-teils (3)
- ziemlich (4)
- völlig (5)

19. Ich habe Menschen, mit denen ich sprechen kann.

- stimmt gar nicht (5)
- wenig (4)
- teils-teils (3)
- ziemlich (2)
- völlig (1)

20. Ich habe Menschen, an die ich mich wenden kann.

- stimmt gar nicht (5)
- wenig (4)
- teils-teils (3)
- ziemlich (2)
- völlig (1)

Und? Wie viele Punkte hast du gesammelt? Bei welchen Fragen hast du eher einen hohen Punkt gehabt, bei welchen einen niedrigen? Nimm dir einen Moment Zeit und reflektiere dein Ergebnis.

Ein sehr hoher Einsamkeitswert am Ende dieses Testes sollte unbedingt ernst genommen werden – überlege, ob für dich auch eine psychologische Hilfe infrage kommt.

Gefühlsprotokoll: die Zeit mit dir allein beobachten

Nun geht es darum, das Alleinsein und deine dabei auftretenden Gefühle und Wahrnehmungen zu erkennen und zu beleuchten. Das bedeutet auch, anzuerkennen: Alle Gefühle sind erlaubt. Wie erlebst du die Zeit mit dir allein? Nimm dir diese Übung an einem Teil des Tages vor, wo du gerade allein mit dir bist und keine Termine mehr anstehen, wo du gerade nicht auf dem Sprung bist oder noch etwas vor hast. An einem Teil des Tages, wo du ganz mit dir sein kannst, ohne schon an die nächste Aufgabe zu denken.

Beginne damit, dass du zunächst eine Minute in dich hineinhörst. Setze oder lege dich bequem hin, entspanne deine Arme, die Beine und deinen ganzen Körper. Du kannst nun einen Timer stellen, der dich nach einer Minute aus dem Hineinhorchen herausholt. Schließe die Augen und lass die Minute beginnen.

Beantworte dir im Anschluss selbst folgende Fragen:

ARBEITSBLATT 4 Gefühlsprotokoll

Wie geht es dir in diesem Moment? Welche Gefühle nimmst du wahr?

Angst, Ruhe, Gelassenheit, Nervosität, Freude, Glück, Traurigkeit, Zufriedenheit, Müdigkeit, Einsamkeit? Oder etwas anderes?

....

....

....

....

Oft fällt es gar nicht so leicht, einem Gefühl die richtige Bezeichnung zu geben und es zu benennen. Eine Hilfe zur Benennung deiner Gefühle kann diese Liste (angeregt von McKay 2010, S. 92) sein. Markiere die Wörter, die zu deiner Stimmung passen:
Albern, angeekelt, angeregt, ängstlich, aufgebracht, aufgeweckt, begeistert, bekümmert, beschämt, besessen, besorgt, beunruhigt, bewundert, deprimiert, eifersüchtig, einsam, empfindlich, energievoll, enthusiastisch, enttäuscht, erleichtert, erregt, erschöpft, erschüttert, fröhlich, frustriert, gelangweilt, gleichgültig, glücklich, leer, liebend, misstrauisch, müde, munter, nervös, neugierig, ruhelos, schüchtern, schuldbewusst, sicher, stark, stolz, traurig, unsicher, verletzlich, verletzt, vorsichtig, wertlos, wertvoll, wütend, zufrieden, zuversichtlich
Gibt es einen konkreten Anlass für deine Gefühle? Welche Gedanken sind dir in den Kopf gekommen?

....

....

....

Wie fühlte sich dein Körper an?
Puls, Herz, warm, kalt, wie fühlte sich dein Bauch an?

....

....

Würdest du dir die Situation gerade anders wünschen? Fehlt dir etwas? Wenn ja, was?

....

Du kannst diese Übung gerne öfter an verschiedenen Tagen machen, an denen du viel Zeit mit dir allein verbringst. So gewinnst du einen Eindruck, wie du das Alleinsein auf Dauer erlebst. Denn Gefühlsbeschreibungen wie diese hier sind auch immer eine Momentaufnahme und können an einem anderen Tag anders ausfallen.

Vielleicht empfindest du die Zeit mit dir allein an einem Tag als schön und an einem anderen nicht. Vielleicht lässt sich eine Tendenz für dich herauslesen und es stellt sich heraus, dass du die Zeit mit dir allein oft als belastend empfindest. Dann könnte es für dich besonders sinnvoll sein, im nächsten Teil vor allem Übungen durchzuführen und Tipps zu beherzigen, die an dem Verhältnis zu dir selbst ansetzen. Denn Zeit mit sich selbst zu verbringen kann, wenn du mit dir selbst eine gute Beziehung hast, etwas Schönes sein.

Was suchst du in Beziehungen?

In einem früheren Kapitel (S. 110) wurde beschrieben, welche Merkmale einer Beziehung für die meisten Menschen am wichtigsten sind. Jetzt geht es um dich! Was ist für dich wichtig in Beziehungen, was brauchst du, um dich wohlzufühlen mit anderen Menschen?

ARBEITSBLATT 5 Was ist mir in Beziehungen wichtig?

Erweitere die folgende Liste, ergänze, erkläre, streiche vielleicht auch was weg:

Vertrauen

Verständnis

Ehrlichkeit, ohne bewertet zu werden (hier kann ich sein, wie ich bin)

Das Beste für die andere Person zu wollen

Ausgewogenheit

Grenzen zu respektieren

Gemeinsames Handeln und Entscheiden

Spaß zusammen haben

Unterstützung

Zuverlässigkeit

....

....

....

Kontakttagebuch: Die Zeit mit anderen beobachten

Bei dieser Übung kommt es darauf an, den Kontakt mit deinen Mitmenschen zu reflektieren. In der Übung zuvor hast du bereits überlegt, was dir wichtig ist in Beziehungen, nun geht es um die Frage, was für Beziehungen du lebst und wie du dein menschliches Umfeld gestaltest. Hierbei kannst du zu überraschenden Erkenntnissen kommen!

Dabei kannst du alle Kontakte erfassen, die für dich relevant sind: freundschaftliche, familiäre, berufliche oder flüchtige Kontakte mit Fremden, wenn dir die Interaktion in irgendeiner Form in Erinnerung geblieben ist und bei dir Gefühle ausgelöst hat.

Du kannst dieses Arbeitsblatt direkt verwenden. Wenn du viele Kontakte aufschreiben möchtest, schreibe einfach auf einem leeren Blatt weiter.

ARBEITSBLATT 6 Kontakttagebuch

Wann fand der Kontakt statt?	Wen habe ich getroffen?	Was haben wir zusammen unternommen? (z. B. gemeinsames Essen, Spaziergang, Telefonat, kurzes Gespräch im Laden, Arbeitsmeeting, Therapiesitzung)	Wie habe ich den Kontakt empfunden? (z. B. fröhlich, anstrengend, wohltuend, inspirierend, angespannt, langweilig)
....	....	....	....
....	....	....	....
....	....	....	....
....	....	....	....
....	....	....	....
....	....	....	....
....	....	....	....
....	....	....	....

Wenn du dieses Kontakttagebuch eine Weile geführt hast, stelle dir folgende Fragen:

Wie beurteilst du die Menge an Kontakten? Wünscht du dir mehr oder weniger Kontakte? Wie sind deine Gefühle in den Kontakten insgesamt? Bist du glücklich mit deinen Kontakten?

Du und deine Nachbarschaft

Hier geht es um die Umgebung und die Menschen, die dir im Alltag begegnen. Beantworte dir selbst folgende Fragen:

ARBEITSBLATT 7 Meine Nachbarschaft

Wie lange lebst du schon an deinem aktuellen Wohnort, in deiner Wohnung?

....

Wie viele Menschen in deiner Nachbarschaft, in dem Wohnhaus kennst du?

....

Wie gut kennst du sie? Weißt du, wie deine Nachbarn heißen?

....

Weißt du, was bei deinen Nachbarn gerade so los ist?

....

Weißt du, wie deine Nachbarn leben, wie ihre Wohnungen oder Häuser von innen aussehen?

....

Gibt es Menschen direkt bei dir vor Ort, mit denen du dich austauschst?
Eine Vertrauensperson?

....

Wie verbunden fühlst du dich mit deiner Nachbarschaft?

....

Wünschst du dir ein anderes Verhältnis zu deiner Nachbarschaft?
Mehr oder weniger Kontakt?

....

Dein Resümee

Nun überlege, welche Fragen dich besonders beschäftigt haben. Geht es eher um die Qualität der Beziehungen und Kontakte, die du lebst, oder verbringst du zu viel Zeit allein? Oder wärest du sogar manchmal gern mehr allein? Das kann mit in deine Auswahl der Tipps und Übungen im nächsten Teil einfließen. Letztendlich geht es um die Frage, was dir hilft, wenn du das diffuse Gefühl von Einsamkeit verspürst. Weil für jeden Menschen das Gegenteil von Einsamkeit etwas anderes ist, geht es auch für dich ausschließlich darum, was für dich persönlich passt und was dir persönlich helfen kann.

Woran möchtest du also arbeiten? Möchtest du die Zeit allein schöner gestalten? Möchtest du mit anderen Menschen in (guten) Kontakt kommen? Möchtest du deine Nachbarschaft und die Menschen in deiner direkten Umgebung besser kennenlernen? Möchtest du dich sinnvoll betätigen? Für alles gibt es konkrete Tipps im nächsten Teil.

Was kann ich *jetzt* konkret tun?

Nachdem du im letzten Teil deine eigenen Gefühle mit besonderem Hinblick auf Einsamkeit betrachtet hast, sollen dich die folgenden Übungen und Denkanstöße dabei unterstützen, in ein konkretes Handeln zu kommen. Es geht hier darum, herauszufinden, was für dich die geeigneten Übungen und Hilfsmittel sind und wie du dir selbst etwas Gutes tun kannst.

Auf Seite 143 dieses Buches haben wir gesehen, dass Einsamkeit und Stress oft miteinander einhergehen und unter anderem das Immunsystem schwächen können. Deshalb geht es auf den folgenden Seiten auch um die Frage, wie du dich vor Stress schützen und ihn reduzieren kannst. Stress kann von außen und von innen heraus entgegengewirkt werden: Wir können zum einen etwas an der Situation ändern, die uns stresst, und zum anderen an unseren inneren Denk- und Bewertungsmustern arbeiten.

Und so ist dieses Kapitel aufgebaut: Zuerst geht es um deine Beziehung zu dir selbst und darum, was du allein für dein Wohlbefinden und deine Gesundheit tun kannst. Danach folgen Tipps und Übungen, die den Kontakt mit anderen Menschen betreffen. Abschließend steht noch einmal die schützende Wirkung der Natur im Mittelpunkt.

Wahrscheinlich wird keine der Übungen zu allen Lesenden gleichermaßen passen. Wähle die Übungen aus, von denen du denkst, dass sie am besten zu dir und deiner Situation passen könnten.

MERKE Sei nicht so streng mit dir, wenn eine Übung nicht gleich »funktioniert« oder zu Beginn keinen Effekt zu haben scheint. Oft geht es darum, alles ein wenig anders anzugehen und sich langfristig einen angemessenen Umgang mit Einsamkeitsgefühlen anzugewöhnen. Wichtig ist, es zu versuchen. Einfach loszulegen und den ersten Schritt zu tun, ist bekanntlich der schwerste Teil einer Veränderung. Und wenn es dir manchmal so vorkommt, als würden sich die Erfolge gar nicht oder nur ganz allmählich einstellen, dann hilft dir vielleicht dieses Zitat von Goethe: Die längste Reise beginnt mit einem einzigen Schritt.

Meine Verbindung zu mir selbst

Ein stetiges Gefühl der Einsamkeit kann darauf hindeuten, dass wir uns selbst nicht genug sind. Dann ist es wichtig, zu lernen, dass es letztlich nicht nur darum geht, mehr mit anderen Menschen zu unternehmen, sondern die Zeit mit sich selbst wieder mehr wertzuschätzen. Wenn die eigene Wertschätzung zu gering ist, wird es nur schwer gelingen, auch die Zeit mit anderen Menschen als angenehm und bereichernd zu empfinden.

Es geht bei dem Umgang mit Einsamkeit also auch um die Beziehung zum eigenen Selbst. Kann ich gut mit mir allein sein oder empfinde ich diese Zeit als anstrengend und leide ich sogar darunter? Elementar ist, die Beziehung mit sich selbst zu pflegen, es geht dabei um Entspannung und letztlich um echte Selbstfürsorge. Du findest auf den nächsten Seiten viele Hinweise auf Aktivitäten, von denen sich einige auch für dich eignen werden. Selbstfürsorge bedeutet genau das: herauszufinden, was dir guttut und was dir schadet.

Mein Vorbild

Diese Übung eignet sich besonders für dich, wenn du oft mit Selbstzweifeln zu tun hast und glaubst, du müsstest in irgendeiner Hinsicht besser bzw. perfekter werden. Wenn du öfter Sachen denkst wie »Jemand anderes hätte jetzt viel souveräner reagiert!«, dann ist diese Übung genau richtig für dich.

Stell dir nun eine Person vor, die du bewunderst und deren positive Eigenschaften du manchmal auch gern hättest. Beantworte die Fragen auf dem Arbeitsblatt immer, indem du mit dem Namen deines Vorbildes beginnst.

Beispiel: Mein Vorbild nimmt es nicht persönlich, wenn eine Freundin heute keine Zeit hat, sondern freut sich auf die nächste Gelegenheit, sie zu sehen.

ARBEITSBLATT 8 Zu wem schaue ich auf?

Was sind die guten Eigenschaften deines Vorbildes? Was genau macht diese Person so toll?

....

....

Wie reagiert dein Vorbild, wenn …

… es sich in einer Gruppe außen vor fühlt?

....

… auf der Arbeit etwas schiefgelaufen ist?

....

… es einen Streit mit einer wichtigen Bezugsperson hatte?

…………………………………………………………………………………………

… es sich traurig und allein fühlt?

…………………………………………………………………………………………

Nun versuche Folgendes: Ersetze das Wort »Vorbild« durch deinen eigenen Namen oder wandle die Sätze in die Ich-Form um. Du kannst dafür einen Extra-Zettel nehmen und sie dir laut vorlesen.

Das Tolle ist: Wenn du diese Gedanken zu Papier bringen kannst, wie dein Vorbild reagiert, wie es sich fühlt und was es denkt, dann steckt das auch in dir. Es braucht sicher etwas Übung in einzelnen konkreten Momenten, so zu empfinden, doch es steckt in dir!

Stärkende Sätze

Die Kraft der positiven und negativen Gedanken, die wir verinnerlicht haben, waren bereits Thema in diesem Buch. Hier folgt eine Zusammenstellung von Sätzen, die dich in Momenten starker Niedergeschlagenheit ermutigen können. Du könntest dir die Sätze, die dir gefallen, auch auf Haftnotizzettel schreiben und beispielsweise an deinem Spiegel oder auf deinem Nachttisch befestigen, um sie vor dem Schlafengehen noch mal zu lesen. Vielleicht reicht es dir auch, sie einfach im Geiste aufzusagen. Ziel ist, dass diese Sätze über mehrfaches Wiederholen deine Gedanken positiv beeinflussen.

Du kannst diese Liste, die Elemente von McKay u. a. enthalten (2010, S. 183), auch erweitern und andere Sätze benutzen.

ARBEITSBLATT 9 Stärkende Sätze

Meine Gefühle sind wie eine Welle, die kommt und geht.

Meine Gefühle schmerzen, aber ich kann sie trotzdem akzeptieren.

Es ist in Ordnung, wie ich mich im Moment fühle. Auch ich darf mich traurig oder ängstlich fühlen.

Nicht meine Gefühle bestimmen mein Leben, sondern ich selbst.

Meine Gefühle sind ein Teil von mir, aber nicht ich selbst.

Alle Menschen machen Fehler – niemand ist vollkommen.

Ich bin stark genug, diese Situation zu meistern.

Ich bin nie wirklich allein, auch wenn es sich gerade so anfühlt.

Raum für mehr positive Gedanken:

Es gibt auch viele Postkarten mit motivierenden Sätzen zu kaufen. Vielleicht findest du welche, die dir gefallen? Das Stöbern in den Postkartenständern lohnt sich. Ein Spruch, den ich schon häufig in anderen Wohnungen gesehen habe, lautet: »Ich habe beschlossen, glücklich zu sein, weil es förderlich für die Gesundheit ist!« Das erinnert mich selbst immer wieder daran, dass Glücklichsein auch eine Entscheidung für uns selbst ist.

Zeit mit mir selbst verbringen

Mein Tag→ Laura antwortete auf die Frage, was sie tun würde, wenn sie wüsste, dass sie den einen ganzen Tag allein verbringen muss.

BEISPIEL LAURA

Ich glaube, ich bräuchte eine Idee, was ich machen könnte an dem Tag. Und wenn ich wüsste, dass der Tag kommt, dann würde ich mir für diesen Tag etwas Bestimmtes vornehmen: etwa spazieren gehen, einen Balkonkübel neu bepflanzen, ein Buch lesen, einen Film sehen, den ich schon immer mal angucken wollte, das alte Häkelzeug rausholen, wieder mal ein paar Tanzübungen machen, Musik hören, die mir gefällt.

So hat Laura aus einer eigentlich nicht so positiven Situation für sich selbst, denn sie zieht die Geselligkeit dem Alleinsein eindeutig vor, etwas Schönes gemacht. Du kannst es ja auch mal versuchen und einen ganzen Tag nur für dich selbst planen und versuchen, allein eine richtig schöne Zeit zu verbringen. Werde in deiner Planung schon ganz konkret, so wie Laura es vorschlägt: Was möchtest du essen, welche Musik hören …?

Du kannst den Plan für deinen Tag vorher schriftlich festlegen – das bringt Struktur und fördert die Vorfreude. Du kannst diese Vorlage benutzen:

ARBEITSBLATT 10 Ein Tag für mich

Mein Tag

Aufstehen: ....

....

Vor dem Frühstück: ....

....

Frühstück: ....

....

Vormittag: ....

....

Mittagszeit: ....

....

Nachmittag: ....

....

Früher Abend: ....

....

Tagesausklang: ....

....

Dein Tag muss gar keine besonders aufregenden Aktivitäten enthalten, es geht nur darum, dass du dir auch bewusst Zeit für kleine Dinge nimmst und dich darauf freuen kannst. So könnte der Tag beispielsweise aussehen:

BEISPIEL ARBEITSBLATT 10 Ein Tag für mich

Mein Tag

Aufstehen: ca. 8:30 Uhr

Vor dem Frühstück: 20 Minuten Yoga. Duschen mit meiner neuen fruchtigen Duschseife.

Frühstück: Pancakes, die ich nur zu »besonderen« Anlässen zum Frühstück mache.

Vormittag: Auf den Markt gehen und die Zutaten für das neue Rezept einkaufen, das ich mir heute koche.

Mittagszeit: Ein paar neue Fotos und Bilder in der Wohnung aufhängen und alte auswechseln.

Nachmittag: Einen kleinen Spaziergang durch den Park machen und zu dem Café gehen, das immer so nett aussieht und das bestellen, worauf ich Lust habe.

Früher Abend: Lieblingsmusik anmachen und dabei mein Lieblingsrezept kochen, einen herbstlichen Gemüseeintopf.

Tagesausklang: Es mir auf dem Sofa gemütlich machen, eine Kerze anzünden und ein Buch lesen, das schon lange auf meiner Leseliste steht.

Dabei können auch Aktivitäten aufgeführt sein, die auf den ersten Blick nicht gerade nach »Selfcare« klingen, wie zum Beispiel das Bad oder Fenster zu putzen. Wenn du es aber bewusst einplanst und zum Beispiel dabei ein Hörbuch anhörst, kann auch das zu einem guttuenden Ereignis am Tag mit dir selbst werden.

Mein Moment → Ein ganzer Tag nur für dich selbst erscheint dir zu viel? Du kannst das gar nicht umsetzen, weil du vielleicht in Job und Familie eingespannt bist? Dann könntest du dir vielleicht einen Moment am Tag nur für dich nehmen. Es sollte ein Moment sein, in welchem du keine anderen Ansprüche erfüllen musst. Er muss nicht aufregend oder einfallsreich sein.

Bei Jana ist es zum Beispiel der tägliche Lesemoment.

BEISPIEL JANA

Zeit für mich allein nehme ich mir eher selten. Nur zum Lesen nehme ich mir feste Zeiten. Ich mag es, Dinge zu wissen, und ich mag es, über Dinge nachzudenken, die eigentlich unrealistisch sind. Ich mag es, wenn ich müde werde und über das Lesen in einen sehr entspannten Modus hinübergleite. So kurz vorm Einschlafen. Das mag ich immer sehr gern.

Es gibt noch unendlich viele Möglichkeiten für deinen Glücksmoment mit dir selbst: ein kleiner Spaziergang, eine kurze Meditation, Kopfhörer aufsetzen und Musik hören, eine Folge deiner Lieblingsserie, ein richtig gutes Stück Kuchen, ein Bad mit aufgestellten Kerzen, ein Hörbuch anhören, alte Fotos ansehen, zu einem guten Lied tanzen und dabei den ganzen Körper in Bewegung setzen.

ARBEITSBLATT 11 Glücksmomente finden

Ideen für meinen persönlichen Glücksmoment:

....

....

....

....

....

Date mit dir selbst→ Es gibt bestimmte Dinge, die viele ungern allein unternehmen. Dazu gehören z. B. der Besuch eines Kinos, eines Restaurants oder eines Theaters. Die meisten fahren auch ungern allein in den Urlaub. Diese Sachen gelten gemeinhin als »Pärchenaktionen«. Die Hemmschwelle ist groß, ganz allein im Restaurant zu sitzen oder sich allein einen Kinofilm anzusehen. Nicht immer ist allerdings eine Person an deiner Seite, die auch Lust und Zeit auf die gleiche Aktivität hat wie du – gleich, ob du in einer Beziehung lebst oder Single bist. Mach dir klar, dass du kein Anhängsel brauchst, um ins Kino gehen oder verreisen zu können. Vielleicht bist du überrascht, wie sich ein Ausflug auf eigene Faust auf dein Selbstbewusstsein auswirkt.

ARBEITSBLATT 12 **»Das geht doch auch alleine« – eine Unternehmung mit mir selbst planen**

Stell dir folgende Fragen:

Was würde ich gern mal wieder unternehmen?

....

....

Könnte mir diese Aktivität auch allein Spaß machen?

....

....

Was hindert mich daran?

....

....

Was spricht dagegen außer meine Angst? Wovor habe ich Angst?

....

....

»Ich bin nicht mein Gefühl«

Gedanken sind Gedanken, keine Tatsachen. Und oft sind unsere Gefühle Reaktionen auf unsere Gedanken. Deshalb ist es wichtig, sich vor Augen zu führen, dass auch Gefühle ihren Ursprung nicht immer unbedingt in der »objektiven« Realität haben, sondern vielmehr auf gefärbten Gedanken von uns selbst basieren und unsere individuellen Interpretationen auf die Außenwelt sind.

Deine Gefühle haben trotzdem ihre Berechtigung, sie entstehen aus Gründen. Und vor allem sind sie erst einmal da – manchmal mit voller Wucht. Das Gefühl mag ein Teil von dir sein, es macht dich trotzdem nicht komplett aus. Und es ist ein großer Unterschied, ob wir etwas fühlen oder etwas sind.

Sage deshalb laut zu dir selbst: »Ich fühle mich gerade einsam, aber ich bin es nicht.«

Das funktioniert mit allen Gefühlen und Gedanken. Du kannst in die Lücke einsetzen, was du gerade fühlst und wovon du dich distanzieren möchtest: »Ich fühle mich ...., ich bin es aber nicht.«

Gefühle haben außerdem die Eigenschaft, dass sie kommen und gehen, stärker und schwächer werden. Versuche, dich daran zu erinnern, dass dein negatives Gefühl nicht immer da sein wird, sondern dass es bald wieder abebbt – wie eine Welle.

Die Kraft des »Auch«

Du hast eigentlich immer mehrere Gefühle in dir. Wenn du dich einsam fühlst, spüre in dich hinein und erkunde, welche Gefühle sonst noch in dir sind. Du wirst niemals nur von Einsamkeit oder von Stress bestimmt, sondern es sind auch immer noch andere Gefühle da. Was fühlst du AUCH?

Stop and Go

Diese Übung von Teismann (2014, S. 93) eignet sich besonders, wenn du dich oft in immer wiederkehrenden Gedankenschleifen befindest. Die Übung ist eine Strategie, deine Gedanken bewusst zu steuern. Das Ziel ist, dich von deinen negativen, belastenden Gedanken zu distanzieren und dir Raum zu verschaffen, bevor du ein Thema lösungsorientiert angehen kannst. Denn nur zu oft gehen intensive negative Gedanken mit Grübeln einher, das niemanden weiterbringt.

Wenn du dir durch die Übung zuvor schon bewusster geworden bist, dass deine Gefühle ein Teil von dir sind und dich nicht absolut bestimmen müssen, ist diese praktische Übung nun eine ideale Erweiterung, die dir hilft, zu belastenden Gedanken und Gefühlen mehr Distanz aufzubauen.

Nimm dir einen negativen Gedanken vor, der dich aktuell belastet. Beispielsweise einen Gedanken wie »Ich bin einsam, weil mich einfach niemand mag« oder »Warum kommen alle beruflich weiter, nur ich nicht? Ich bin wirklich nicht talentiert«. Nachdem du dir klargemacht hast, dass das Gedanken und keine Tatsachen sind, versuche dich im folgenden Ablauf:

- Vergegenwärtige dir deine Gedanken oder dein Gefühl.
- Mache dir noch einmal bewusst, dass du nicht dein Gedanke und auch nicht dein Gefühl bist. Schaffe Distanz.
- Dann lasse dich eine Minute auf deinen negativen Gedanken ein. Beschäftige dich mit dem Gedanken oder der Frage in deinem Kopf. Welches Gefühl löst das in dir aus?
- Nach einer Minute gehe wieder auf Distanz zu deinem Gedanken. Mache dir klar, dass das nur ein Gedanke ist, das bist nicht du.

- Dann lasse dich wieder eine Minute auf deinen Gedanken und dein dazugehöriges Gefühl ein.
- Wiederhole den Vorgang mehrmals und beobachte, wie sich dein Gefühl im Lauf des Prozesses verändert. Wird es weniger intensiv, wenn du es wieder an dich heranlässt?

Achtsamkeit in den Alltag einbauen

SCHON GEWUSST?

Achtsamkeit ist zu einem wichtigen Element verschiedener psychotherapeutischer Ansätze geworden, In der Dialektischen Verhaltenstherapie z. B. wird sie eingesetzt, um belastenden Situationen stärker begegnen und sie aushalten zu können. Zudem fördert sie die Entspannungsfähigkeit (McKay u. a. 2010). Achtsamkeit kann uns helfen, mit unangenehmen Gefühlen, zu denen auch Einsamkeit gehört, umzugehen. Achtsamkeit hat einen schützenden Effekt vor vielen negativen Gefühlen und hilft, besser mit ihnen umzugehen. Ein regelmäßiger Bestandteil der Achtsamkeitspraxis ist die Meditation. Sie erfüllt viele Zwecke: Sie reduziert Stress und führt bei regelmäßigem Praktizieren zu einem Gefühl der Ausgeglichenheit und der inneren Ruhe.

Achtsamkeit wird definiert als »die Fähigkeit, sich der eigenen Gedanken, Emotionen, körperlichen Empfindungen und Handlungen – im gegenwärtigen Augenblick – bewusst zu sein, ohne dass man sich selbst oder das, was man erlebt, kritisiert« (McKay u. a. 2010, S. 78).

Achtsamkeit ist also eine Haltung, die man auf alle Lebensbereiche anwenden kann. Im vorangegangenen Teil ging es darum, deine eigene Gefühlswelt zu betrachten und zu sehen, was ist und was du brauchst. Dies ist bereits eine Form der Achtsamkeit dir selbst gegenüber.

Inseln der Achtsamkeit → Versuche, von Achtsamkeit zu profitieren und regelmäßige Momente der Meditation und der Stille in deinen Alltag zu integrieren. Wähle dir einen Ort in deinem Zuhause, wo du einmal am Tag für eine Weile ganz für dich sein kannst. Du solltest dich dort entspannt und gemütlich hinsetzen können – entweder auf einen Stuhl, Sessel oder auf dem Boden. So, wie es für dich angenehm ist. Überlege, zu welchem Tageszeitpunkt du diesen Moment in deinen Tag einbauen möchtest. Beginne ruhig mit kleinen Zeitspannen, eine Minute genügt schon. Wichtig ist nur, dass diese Minute zum regelmäßigen Bestandteil deines Tages wird.

Wenn du dich angenehm hingesetzt und dich eingerichtet hast, kannst du einen Timer oder einen Wecker auf deine gewünschte Zeit stellen. Schließe dann die Augen und beobachte einfach nur deine Atmung. Nimm wahr, wie sich dein Körper in dem stillen Moment anfühlt und versuche nicht, etwas zu verändern.

Es ist ganz normal, dass dich auch in diesem Moment deine Gedanken einholen – lass dich davon nicht irritieren. Sei lieber stolz, dass du die Ablenkung bemerkt hast und versuche, deine Gedanken achtsam wahrzunehmen und nicht zu bewerten. Versuche, sie wie Wolken am Himmel zu betrachten: Sie ziehen vorbei.

Du kannst diesen achtsamen Moment immer weiter an deine Bedürfnisse anpassen. Vielleicht möchtest du ihn irgendwann verlängern, deinen Achtsamkeitsort weiter ausgestalten, dir ein Meditationskissen anschaffen.

Du kannst auch einen von Klängen untermalten Meditationsclip anschalten. YouTube hält hier beispielsweise viel kostenloses Material bereit und wenn du den Begriff »Meditation« eingibst, werden dir viele Angebote gemacht.

Atemmeditation → Der Atem ist eine faszinierende, lebenswichtige und doch oft als selbstverständlich wahrgenommene Funktion unseres Körpers. Er ist immer da und erfüllt uns mit Leben. In einer Atemmeditation richten wir unsere volle Aufmerksamkeit auf ihn.

ÜBUNG Setze dich aufrecht und bequem hin, zum Beispiel auf einen Stuhl oder auf ein Kissen auf dem Boden. Stelle dir deinen Wecker oder Handytimer auf fünf Minuten (die Länge der Meditation kannst du natürlich individuell an deine Bedürfnisse anpassen).

Dann schließe die Augen, lächle und lenke deine Aufmerksamkeit auf deinen Atem.

Wie fließt er? Die Luft kommt durch die Nasenlöcher, der Brustkorb weitet sich. Fließt wieder heraus. Spüre, wie dein Brustkorb und dein Zwerchfell sich heben und senken. Wie fühlt sich das an? Nicht verändern, einfach beobachten.

Wohin bewegt sich dein Atem? Wenn es eine Stelle gibt, wo du deinen Atem besonders deutlich spürst, versuche, dich auf diese Stelle zu fokussieren. Es kann schnell geschehen, dass dich deine Gedanken einholen und du abgelenkt wirst. Dann sei nicht streng mit dir, weil dein Geist wandert – das ist ganz normal und gehört zum Meditationsprozess dazu. Versuche, deinen Fokus einfach wieder auf den Atem zu lenken.

Versuche, die Intensität deines Atems nicht zu verändern, sondern ihn einfach nur fließen zu lassen – wenn er sich trotzdem während der Meditation verändert, ist das auch in Ordnung.

Achtsames Gehen → Achtsames Gehen hat viele Ähnlichkeiten mit der klassischen Meditationsform im Sitzen: Du konzentrierst dich voll und ganz auf die Handlung, die du gerade ausführst. Dabei geht es nicht um darum, ein bestimmtes Ziel zu erreichen, sondern um das Gehen selbst. Du kannst überall dort achtsam gehen, wo du dich ungestört fühlst und möglichst barfuß oder in Socken sein kannst.

ÜBUNG Überlege dir im Vorfeld, wie viel Zeit du für diese Übung einplanen möchtest und stell dir einen Wecker oder Timer.

Stehe zu Beginn etwa hüftbreit, die Knie und Arme entspannt und achte darauf, wie deine Fußsohlen den Boden berühren. Schenke erst deinem linken Fuß deine volle Aufmerksamkeit, dann auch deinem rechten. Nimm wahr, wie der Untergrund sich anfühlt, auf dem du stehst. Ein weicher Teppich? Etwas piksendes Gras? Ist der Untergrund feucht?

Nun beginne ganz langsam zu gehen. Übe diese automatisierte Bewegung wirklich ganz entschleunigt aus und beobachte, wie sich das Gewicht deines Körpers bei jeder Bewegung verlagert. Wie fühlt es sich an, wenn zunächst dein rechter Fuß vom Boden abhebt? Und wie, wenn er nach und nach weiter vorne wieder auf dem Boden aufsetzt?

Gehe so lange in diesem Tempo weiter, bis der Wecker die Meditation beendet. Horche danach in dich hinein, um nachzuspüren, wie du das achtsame Gehen empfunden hast. War es für dich schwer, die Balance zu halten? Das im Alltag oft beiläufig und unachtsam ausgeführte Gehen ist eine komplexe Bewegung, die viel Gleichgewichtsgefühl und verschiedene Partien deines Körpers beansprucht. Nimm dir ab und zu Zeit, um durch das achtsame Gehen wieder ein Gefühl für die Leistung zu gewinnen, die dein Körper ständig erbringt.

Body Scan → Auch hier geht es um das bewusste Wahrnehmen – mithilfe einer gedanklichen Reise durch deinen ganzen Körper. Diese bewährte Übung aus der Achtsamkeitspraxis übst du idealerweise im Liegen aus, denn es fördert das innere Loslassen. Diese Zeit ist nur für dich und du solltest die Übung dort durchführen, wo du dich frei und sicher fühlst. Es geht hierbei nicht darum, irgendein Ziel zu erreichen – auch die Entspannung ist kein direktes Ziel. Sie kann sich im Lauf dieser Übung einstellen oder auch nicht.

ÜBUNG Für einen Bodyscan, der deinen ganzen Körper umfasst, solltest du ca. 20 bis 30 Minuten einplanen und alle Schritte langsam und ohne Hektik durchführen – ganz im Sinne der Achtsamkeit. Lockere am besten deine Kleidung, insbesondere an Taille und Hals. Komm in eine Position im Liegen und lasse deine Arme ganz locker an der Seite. Nimm das Gewicht deines Körpers auf dem Boden wahr und spüre, wo dein Körper aufliegt. Beobachte deinen Atem. Die nun folgende Beschreibung ist inspiriert von Alidina (2021, S. 107 f.):

Beginne beim linken kleinen Zeh und wandere ganz langsam das linke Bein hoch den Oberschenkel entlang.

Achte auf die verschiedenen Partien deines Fußes und deines Beines.

Dann mache das Gleiche für das rechte Bein, angefangen beim rechten kleinen Zeh.

Du kannst jederzeit auch immer wieder in einen anderen Teil deines Körpers zurückwandern und z. B. nochmal in deinen Fuß hineinspüren.

Konzentriere dich nun auf dein Becken, deinen Po und alle Organe in dieser Gegend.

Fokussiere dich dann auf deinen Bauch. Nimm wahr, wie er sich hebt und senkt durch deine Atmung und versuche zu fühlen, wie es deinem Bauch geht. Alle Gefühle sind o.k.

Wandere dann mit deiner Aufmerksamkeit weiter hinauf zum Brustkorb. Wie fühlt sich deine Atmung hier an?

Nimm wahr, wie sich dein Brustkorb hebt und senkt. Spürst du dein Herz schlagen? Verweile einen Moment und nimm deine Gefühle wahr. Dieser Körperbereich ist voll mit lebenswichtigen Funktionen und hält dich am Leben. Sei dankbar.

Dann wende dich deinen Armen zu. Versuche beide Arme gleichzeitig von außen nach innen zu erspüren und beginne bei den Fingerspitzen. Atme in diese Körpergegend hinein.

Dann reise gedanklich zu deinem Nacken und deiner Halswirbelsäule. Was spürst du hier?

Nimm anschließend den Rest deines Kopfes wahr: Kiefer, Lippen, Nase, Augen und Augenlider. Und auch deine Stirn und deine Schädeldecke. Sei offen und neugierig für die Empfindungen hier.

Verweile am Ende dieser Übung noch etwas auf dem Boden und nimm dein Gewicht und deine Atmung wahr.

Du kannst stolz und dankbar sein, dass du dir selbst diese Aufmerksamkeit geschenkt hast und deinem Körper so achtsam begegnet bist. Nimm dieses Gefühl mit in den Rest deines Tages.

Da die Abfolge der Sätze recht lang ist, bietet es sich auch an, dass du dir die Schritte von einer vertrauten Person vorlesen lässt. Oder du benutzt direkt einen Audiotrack. Das sind zwei professionelle Anleitungen, die du auf YouTube anschauen und anhören kannst:

https://www.youtube.com/watch?v=RLCg4mkhlAg

https://www.youtube.com/watch?v=hBCqYmfje8o

Übst du den Bodyscan regelmäßig, kannst du langfristig eine bessere Verbindung zu deinem Körper aufbauen. Du lernst dadurch, die im Alltag auftretenden Signale deines Körpers schneller wahrzunehmen und zu deuten. Du erkennst beispielsweise, wie sich Stress und Nervosität in deinem Körper äußern (Alidina 2021).

Achtsames Kochen → Für viele ist das Kochen mit Zeitdruck verbunden. Nicht selten wird es als Pflichtaufgabe empfunden. Dabei hat die Zubereitung von Essen großes Potenzial für sinnliches und achtsames Erleben.

ÜBUNG Wähle einen Tag aus, an dem du dich ohne Zeitdruck ganz in Ruhe deinem Essen widmen kannst.

Gibt es ein Lieblingsrezept, das du schon lange nicht mehr gekocht hast? Oder eines, das du schon lange mal ausprobieren wolltest? Wenn du dir das Rezept vorab aussuchst, förderst du die Vorfreude und die Frage »Was esse ich heute?« bietet kein Stresspotenzial mehr.

Den Kochprozess selbst solltest du dir so gestalten, wie du es magst. Vielleicht gibt es eine Musik, bei der du dich besonders fröhlich oder entspannt fühlst?

Während des Kochprozesses solltest du möglichst wenig Ablenkung haben – am besten ist dein Handy gerade nicht in Greifweite.

Nimm während des Kochens die Zutaten wahr, die du verarbeitest. Welche Farben kommen in dein Essen, wie fühlen sich die einzelnen Lebensmittel an?

Ertaste die Struktur der einzelnen Zutaten, wie fühlt sich die Zwiebel oder die Kartoffel an? Rieche am Gemüse und an den Gewürzen, bevor du sie verarbeitest.

Beobachte, wie sich die Gerüche und Farben im Laufe des Kochens verändern.

Wenn dein Essen fertig ist, richte dir deinen Platz am Tisch her, zünde vielleicht eine Kerze an. Genieße jeden Bissen. Wie schmecken die unterschiedlichen Komponenten? Wie unterscheiden sie sich?

Nicht jede Mahlzeit lässt sich in einer solchen Seelenruhe und mit so viel Achtsamkeit zubereiten – vielleicht schaffst du es trotzdem in regelmäßigen Abständen, auf diese Weise Achtsamkeit in deinen Alltag zu bringen.

Nimm drei Minuten lang deine Gedanken wahr → McKay u. a. (2010, S. 88) schlagen in ihrem Buch vor, die eigenen Gedanken drei Minuten lang sehr bewusst wahrzunehmen. Nimm dir für diese Drei-Minuten-Übung etwas zu schreiben und einen Wecker oder Timer, der dir das Ende der Übung anzeigt.

ÜBUNG Schreibe in drei Minuten alle Gedanken auf ein Blatt Papier, die dir in den Kopf kommen. Dabei geht es nicht darum, ganze Sätze zu bilden, sondern Themen in Form von Stichworten festzuhalten. Wenn du an einen Streit denkst, den du mit jemandem hattest, notiere einfach »Streit«. Wenn du an ein berufliches oder privates Projekt denkst, schreibe »Projekt« auf usw. Wenn du anfängst, über diese Übung nachzudenken, notiere »Übung«. Schreibe jeden Gedanken auf, egal wie klein oder unbedeutend er dir erscheint. Versuche, deine Gedanken nicht zu kritisieren oder zu filtern. Alle Gedanken sind erlaubt und erwünscht.

Wenn die drei Minuten abgelaufen sind, schaue dir dein Blatt an und zähle durch, wie viele Gedanken du hattest. Nimm wahr, wie viele Gedanken dein Gehirn in so kurzer Zeit verarbeitet und wie viel es jeden Tag leistet.

Werde dir bewusst, wie viel dein Gehirn nur an einem einzigen Tag verarbeitet und sei stolz auf diese Leistung – dein Gehirn ist eine richtige Gedankenproduktionsmaschine! Es ist nur natürlich, dass bei der Menge an Gedanken immer wieder welche auftauchen – auch dann, wenn du meditierst.

Dankbarkeit zeigen

Dankbarkeit ist eine Eigenschaft, die uns immer wieder das Positive spüren lässt. Es lohnt sich, sie fest ins Leben zu integrieren. Sie ist auch eine der Grundhaltungen der Achtsamkeit. Eine achtsame Lebensweise beinhaltet auch Dankbarkeit. Dankbarkeit kannst du auf ganz verschiedene Weisen ausleben, du könntest sie zum Beispiel in deinen Tagesausklang integrieren:

ÜBUNG Nimm dir im Bett vor dem Einschlafen einen Moment Zeit und benenne fünf Umstände, für die du dankbar bist. Das können Dinge sein, die dir selbstverständlich vorkommen, wie beispielsweise, dass du am Leben bist. Dass du lesen kannst. Dass du in einem warmen Bett liegst.

Du könntest deinen Dank auch an eine spezielle Person in deinem Leben richten und ihr einen Brief schreiben. Du musst ihn gar nicht abschicken – allein das Schreiben kann Dankbarkeit in dir bewirken.

Tagebuch schreiben

Das Schreiben eines Tagebuchs hat einen positiven Effekt auf deine Gesundheit. Durch das Schreiben können wir uns Zugänge zu unseren eigenen (auch unterbewussten) Gefühlen und Gedanken verschaffen.

Wissenschaftliche Untersuchungen belegen, dass Schreiben, vor allem das Tagebuchschreiben, das psychische Wohlbefinden fördert. Das Schreiben über emotionale Themen verringert nachweislich Stress und der Körper schüttet weniger schädliche Stresshormone aus (Esterling u. a. 1999; Niles u. a. 2014). Vielleicht nutzt du die Technik des Schreibens schon in manchen Situationen. Viele Menschen erstellen zum Beispiel vor schwierigen Entscheidungen eine Pro-Kontra-Liste – sie bringen Struktur in ihre Gedanken und Gefühle und nehmen einen anderen, etwas distanzierteren Blickwinkel zu ihnen ein. Mit dem geschaffenen Abstand zeigen sich oft andere Facetten und der Blick weitet sich. Ein regelmäßiges Aufschreiben der eigenen Gedanken und Gefühle wirkt auch dauerhaft entlastend und ausgleichend auf die Psyche. Schreibende Menschen sind zufriedener, selbst dann, wenn es sich nicht um akute problematische Momente handelt, die zu Papier gebracht werden (Esterling u. a. 1999). Gerade auch das Schreiben über positive Erlebnisse und Gedanken kann auf Dauer eine positive Wirkung haben. Auf diese Weise füllst du dein Tagebuch nicht nur mit belastenden, sondern auch mit stärkenden Eindrücken und kannst leichter eine optimistische Sicht entwickeln.

Das sich ehrliche Mitteilen ist eine wichtige Grundlage für gute Beziehungen – das Tagebuchschreiben ein Mittel der Pflege der Beziehung zu dir selbst. Um Tagebuch zu schreiben, brauchst du keine besonderen Kenntnisse oder eine Schreibbegabung, du kannst einfach loslegen und aufschreiben, was dir wichtig erscheint.

Dem Schreiben einen festen Platz im Tag geben → Hilfreich ist es, zu einem regelmäßigen Zeitpunkt, zum Beispiel jeden Abend, Tagebuch zu führen. So fügt sich das Schreiben in deine Tagesroutine ein und es verhindert, dass du nur in Krisenmomenten schreibst. So entwickelt sich ein authentisches Dokument über dich und deine Gefühlswelt. Das Schreiben kann teilweise auch sehr intensiv werden und durch den intensivierten Kontakt zu deinem Inneren können sich manche Gefühle verstärken. Wenn du das Gefühl hast, dir geht es nicht gut genug, um zu schreiben, zwing dich nicht. Verschiebe es bewusst auf einen Moment, wo du dich stark genug fühlst.

Wenn dich das leere Blatt hemmt und du Probleme hast, einen Anfang zu finden, könntest du dich zum Beispiel an diese Strukturierung halten:

Wenn du abends schreibst:

- Was hat mir heute Freude bereitet?
- Welche Situation war eine Herausforderung für mich?
- Worauf freue ich mich? Was erwartet mich Gutes in den nächsten Tagen?
- Welche Herausforderungen warten auf mich in den nächsten Tagen und wie kann ich mich gut vorbereiten?

Wenn du morgens schreibst:

- Was liegt heute vor mir?
- Worauf freue ich mich, was könnte eine Herausforderung werden?
- Was müsste heute passieren, damit es ein guter Tag wird?

Morgenseiten

Die sogenannten »Morgenseiten« sind eine Methode des intuitiven Schreibens, die Julia Cameron in ihrem Buch »Der Weg des Künstlers« (2009) zum ersten Mal dargestellt hat. Es geht darum, sich jeden Morgen ungefähr eine halbe Stunde Zeit zu nehmen und auf drei DIN-A4-Seiten aufzuschreiben, was einem zu Beginn des Tages in den Sinn kommt. Das können ganz unterschiedliche Themen sein: Zwischenmenschliches, Aufgaben auf der Arbeit oder die alltägliche Überlegung, was du heute noch besorgen musst. Es geht darum, die Gedanken nicht zu bewerten und alles zuzulassen, was kommt. Pflegst du diese Schreibroutine regelmäßig über Woche oder Monate, zeigt es Wirkung: Durch das morgendliche Schreiben befreist du dich von blockierenden Gedanken und hast mehr Kreativität für den Rest des Tages. Camerons Buch gilt als Klassiker der Kreativliteratur.

Deine eigenen Regeln → Du kannst beim Tagebuchschreiben absolut ehrlich sein und musst nicht auf einen für andere Menschen angemessenen Ton achten – niemand außer dir wird es lesen. Rechtschreibung und Grammatik spielen deshalb auch keine wichtige Rolle. Wenn sich ein Satz in deinem Kopf auf einmal anders entwickelt, als du ihn begonnen hast, ist das überhaupt nicht schlimm. Schreib einfach auf, wie dir die Gedanken in den Kopf kommen und herauswollen. Und wenn du magst, kannst du auch kleine Zeichnungen und Illustrationen einbauen. In deinem Tagebuch ist alles erlaubt.

Gutes Material hilft → Vielen Menschen fällt das Tagebuchschreiben leichter, wenn sie dabei besonders schönes Material benutzen. Ein Notizbuch, das sich schon von außen schön anfühlt, eine angenehme Linierung auf dem Papier und ein Stift, der gut in der Hand liegt – das sind alles Aspekte, die das Schreiben beeinflussen können. Mache dir das Schreiben so angenehm wie möglich. Du könntest alternativ natürlich auch auf dem PC ein digitales Tagebuch führen oder deine Gedanken in ein Diktiergerät sprechen.

SCHON GEWUSST?

Es gibt auch Apps, zum Beispiel »Daylio«, »Diaro« oder »1 Second everyday«, mit denen du deinen Tag dokumentieren kannst.

»Daylio« beispielsweise fragt dich täglich nach deiner Stimmung und du kannst sie in Form eines Smileys angeben sowie zusätzliche Notizen machen und Bilder und Videos einfügen, um Erinnerungen in Bildform festzuhalten. Bei »1 Second everyday« werden deine täglichen Bilder und Videos zu einer Collage zusammengefasst und »Diaro« bietet dir Raum für eher klassisches Tagebuchschreiben, nur eben auf dem Handy oder Tablet. Du kannst auch hier Bilder hinzufügen sowie Standorte, Stimmungen oder Schlagwörter speichern. So lässt sich gezielt nach älteren Einträgen suchen.

Lesen

Neben dem Schreiben hat auch das Lesen mehrere positive Effekte auf Wohlbefinden und Gesundheit. Das Lesen von Büchern fördert und trainiert nicht nur die kognitive Leistungsfähigkeit.

Lesen und Empathie → In einer Studie von Kidd und Castano aus dem Jahr 2013 wurden Leseexperimente mit über 700 Teilnehmenden gemacht. Dabei zeigte sich, dass das Lesen von Romanen die Fähigkeit steigert, sich in andere Menschen hineinzuversetzen, ihre Gefühle und Bedürfnisse sowie ihre Handlungsmotive nachzuvollziehen. Das ist die Fähigkeit, die man gemeinhin auch als Empathie bezeichnet. Kidd und Castano nennen dieses umfassende Vermögen »Theory of Mind«. Aus vorigen Kapiteln dieses Buches wissen wir, dass Empathie eine emotionale Fähigkeit ist, die mit eher geringeren Einsamkeitswerten einhergeht.

In der Studie von Kidd und Castano wurde den Teilnehmenden in fünf Runden jeweils ein Text zum Lesen gegeben und im Anschluss ein Test durchgeführt, der auf die Empathie abzielte. Neben Textausschnitten aus Romanen haben die Teilnehmenden auch Texte aus Zeitungen, Sachbüchern, Romanen und Unterhaltungsliteratur zu lesen bekommen. Und nach jeder Runde stellte sich eine gesteigerte

Empathiefähigkeit bei denjenigen Menschen ein, die zuvor aus einem Roman gelesen hatten. Nach dem Lesen von anderen Texten konnte dieser Effekt nicht beobachtet werden.

Dabei hatte das Lesen von sogenannter Unterhaltungsliteratur keinen Effekt, sondern nur das Lesen von Romanen mit vielschichtigen Charakteren und nicht eindeutigen Handlungsmotiven. Romane also, wo die lesende Person selbst dazu angeregt wurde, Situation und Gefühle der Menschen zu erfassen. In den leichteren Unterhaltungsromanen gab es diesen Raum für die eigenen Interpretationen nicht und so stellte sich im anschließenden Test auch keine erhöhte Empathie ein.

Dass sich diese Wirkung schon so schnell nach dem Lesen zeigte, ist besonders verblüffend und macht Hoffnung, dass sich durchs Lesen langfristige positive Veränderungen einstellen können.

MERKE Lesen vergrößert unser Verständnis füreinander und hilft uns dabei, Gemeinsamkeiten zu erkennen. Viele Menschen fühlen sich beim Lesen von Geschichten mit den Figuren verbunden und weniger allein gelassen.

Lesen verlängert das Leben → In ihrer Studie »A chapter a day« untersuchen Bavishi u. a. (2016) das Leseverhalten, verschiedene Gesundheitsaspekte und die Lebenserwartung von 3635 Teilnehmenden über fünfzig Jahre. Die Daten wurden über einen Zeitraum von zwölf Jahren gesammelt und ausgewertet. Ein Ergebnis dieser Studie war, dass das regelmäßige Lesen eines Buches – es reicht eine halbe Stunde am Tag – das Leben um durchschnittlich 23 Monate verlängert. Dieser Effekt stellte sich nur ein, wenn die Menschen tatsächlich Bücher lasen – nicht beim Lesen von Zeitungen und Zeitschriften. Als eine mögliche Begründung wird hier die Stressreduktion genannt.

Sicherlich hast du bei dir selbst auch schon mal wahrgenommen, dass das konzentrierte Lesen eines Buches oder eines anderen Fließtextes einen beruhigenden Effekt hat. Viele Menschen lesen deshalb vor allem auch gerne vor dem Einschlafen.

MERKE Es gibt also viele gute Gründe zu lesen – vielleicht hat dich ja etwas davon überzeugt und du willst es versuchen. Falls du auf der Suche nach guten Lesetipps und Inspirationen bist, schau einfach mal ins Feuilleton einer größeren Tageszeitung, besuche die Bahnhofsbuchhandlung, die eine ganze Reihe spannender Literaturzeitschriften anbietet oder schaue an einem der öffentlichen Bücherschränke vorbei, von denen es mittlerweile ca. 3000 in ganz Deutschland gibt. Oder abonniere den Podcast »Eat Read Sleep« des NDR, dort werden regelmäßig Bücher besprochen und vorgestellt – sowohl aktuelle als auch »All Time Favourites«.

Körperliche Aktivität

Bewegung ist gut für die Gesundheit – das ist weithin bekannt. Von körperlicher Aktivität profitiert auch die Psyche. Bewegung schützt vor Depressionen, Angstzuständen und hilft bei der Stressregulation. Außerdem hat Bewegung das Potenzial, Demenz zu verhindern. Und sie stärkt die Selbstwirksamkeit, die eine psychische Ressource gegen Einsamkeitsgefühle ist (Schulz u. a. 2012).

Wie wir gesehen haben, hängen Einsamkeitsgefühle eng mit der psychischen Gesundheit zusammen. Wenn körperliche Aktivität hier einen Schutzfaktor darstellt, lohnt es sich, diese Wechselwirkung zu nutzen und mit körperlicher Aktivität Einsamkeitsgefühlen zu begegnen.

Auch Larissa beschreibt Sport in unserem Gespräch als ein Mittel, das ihr in einsamen Momenten hilft.

BEISPIEL LARISSA

Wenn ich in meinen eigenen Gedanken so ein bisschen gefangen bin, hilft mir der Sport, wieder rauszukommen aus diesem Kreislauf. Die körperliche Aktivität wirkt wie ein Reset. Die ganze Gefühlslage verändert sich.

Wenn du körperlich aktiv werden willst, um dich besser zu fühlen, beachte, dass regelmäßige moderate Bewegung eher hilft als punktueller Leistungssport (Schulz u. a. 2012). Suche dir also eine Aktivität, die dir Freude bereitet und überfordere dich nicht, sondern setze auf regelmäßige Wiederholungen. Neben klassischen Aktivitäten wie Laufen kannst du auch Yoga in deiner Woche einplanen, das hat dann sogar Achtsamkeitseffekte automatisch mit im Gepäck.

TIPP Suche dir eine Strecke in deiner Umgebung aus, die du magst und plane sie zwei Mal in der Woche in deinen Alltag ein. Du kannst spazieren gehen oder joggen – wähle das, was dir guttut. Das Gehen kann dich wieder in einen Takt mit dir selbst bringen.

Es muss auch nicht immer der klassische Sport wie Joggen sein – wie wäre es denn zum Beispiel mit Hula-Hoop? Schau mal in das Programm des Sportvereins in deiner Nähe. Gibt es einen Sportkurs, der dich anspricht?

Ablenkung

»Ablenkung hat in der Psychotherapie keinen guten Ruf«, stellt Tobias Teismann in seinem Buch über das »Grübeln« fest und zählt dann auch gleich die guten Seiten des Ablenkens auf, denn Ablenken ist für ihn nicht zwangsläufig das Gleiche wie Vermeidung oder Verdrängung (Teismann 2014, S. 78). Wenn du mit Einsamkeit und quälenden Fragen wie »Warum bin gerade ich einsam?«, »Warum will niemand etwas mit mir zu tun haben?«, »Warum bin ich Single?« kämpfst, kann es sinnvoll sein, diese Fragen für einen Moment mal beiseitezuschieben und sich auf etwas anderes zu konzentrieren.

Auch in der BBC-4-Studie (Qualter 2018) nennen die Teilnehmenden als effektive Maßnahmen, mit Einsamkeitsgefühlen umzugehen: sich ablenken oder sich bewusst Zeit nehmen für Hobbys und Arbeit.

Ulrike weiß, wie hilfreich das sein kann:

BEISPIEL ULRIKE

Allein sein muss ja nicht unbedingt schlimm sein. Wenn man gut mit sich allein sein kann und sich zu beschäftigen weiß, liest, Yoga macht oder einem Hobby nachgeht, ist das alles in Ordnung. Aber wenn man mit dem Grübeln anfängt und überlegt, was wäre wenn und überhaupt, dann ist das schon wieder eine andere Geschichte.

Damit eine Aktivität überhaupt das Potenzial hat, dich aus dem Teufelskreis quälender Fragen herauszuholen, muss sie dir vor allem Spaß machen. Etwa ein Hobby, in das du dich vertiefen und ganz im Moment sein kannst. Man spricht auch davon, in einen »Flow« zu kommen.

Komm in den Flow!

In den Flow kommen bedeutet, in deiner Tätigkeit ganz aufzugehen – wir sind zufrieden, inspiriert und glücklich in diesen Momenten. Unsere Sorgen verschwinden und unser Zeitgefühl verändert sich: Die Zeit vergeht für unser Empfinden schneller als sonst, wenn wir im Flow sind.

Teismann betont, dass vor allem die Aktivitäten, bei denen der Körper eingebunden und aktiv ist, die Stimmung besonders heben, deine Aufmerksamkeit bündeln und auf eine positive Weise ablenken. Er empfiehlt, auch mal etwas Neues auszuprobieren, denn das binde ebenfalls besonders viel deiner Aufmerksamkeit und lenke dich von wenig konstruktivem Grübeln ab.

Du kannst auch versuchen, deine kreativen Kräfte zu aktivieren. Wann hattest du das letzte Mal ein Instrument in der Hand? Hast du vielleicht früher gerne gemalt oder machst es noch und kommst nicht mehr dazu? Das ist jetzt deine Chance (S. Arbeitsblatt 13, S. 174).

Sei nachsichtig mit dir selbst

In diesem Kapitel hast du nun einige Anregungen für wohltuende Aktivitäten bekommen, die du allein umsetzen kannst. Vielleicht hast du dir auch vorgenommen, etwas davon regelmäßig umzusetzen, zum Beispiel wöchentlich zwei Spaziergänge zu machen oder jeden Tag mindestens eine halbe Stunde konzentriert zu lesen. Das wäre wunderbar! Sei aber nicht so streng mit dir, wenn es mal nicht klappt. Versuche, es dann so zu betrachten, als wenn dir eine gute Freundin davon berichtet – was würdest du ihr raten, wenn sie dir erzählt, dass sie in dieser Woche nicht ihr angestrebtes Pensum erreicht hat?

ARBEITSBLATT 13 Was bringt mich in den Flow?

Welche Aktivitäten tun mir gut? Wie findest du die folgenden Aktivitäten? Markiere diejenigen, die du schon einmal ausprobiert hast und in die du dich gut vertiefen konntest. Suche dir mindestens zwei Aktivitäten aus, die du bald ausprobieren oder wiederholen möchtest.

Aktivitäten	Schon mal ausprobiert	Flow-Gefühle erlebt
Backen		
Eine gute Serie gucken		
Handarbeit: nähen, stricken, häkeln		
Lesen		
Inline-Skates fahren		
Schwimmen		
Puzzeln		
Musik		
Malen		
Ein Gedicht schreiben		
Makramee		
Ein Lied schreiben		
Fotocollagen basteln		
Blüten pressen		
In die Sauna gehen		
…		
…		

Wahrscheinlich hättest du Verständnis und Respekt, dass sie sich überhaupt Ziele gesetzt hat – bring das bitte auch für dich selbst auf. Sonst fällt jeder Veränderungsprozess umso schwerer.

Meine Verbindung mit anderen

Während wir im letzten Abschnitt vor allem die Beziehung zu dir selbst betrachtet haben und überlegten, wie diese gestärkt werden kann, stehen nun die Aktivitäten und Beziehungen mit anderen Menschen im Vordergrund. Dein direktes Umfeld und deine Nachbarschaft spielen hier eine große Rolle. Im Kapitel über die Ursachen von Einsamkeit haben wir gesehen, dass das äußere Umfeld von Bedeutung für Einsamkeitsgefühle sein kann und dass vor allem gute Beziehungen unser Wohlbefinden prägen und uns vor Einsamkeit schützen.

In diesem Abschnitt geht es deshalb um das, was wir mit und für die Menschen um uns herum tun können. Denn wir haben gesehen, dass viele Menschen von Einsamkeit betroffen oder bedroht sind. Auf andere Menschen zuzugehen, kann manchmal ganz schön herausfordernd erscheinen. Ich möchte dich an dieser Stelle ermutigen, etwas von den nachfolgenden Tipps auszuprobieren. Der Schritt aus der eigenen Komfortzone ist oft die Voraussetzung für positive Veränderungen!

Beziehungen unter die Lupe nehmen

Nicht alle Kontakte helfen gegen Einsamkeit. In manchen Beziehungen fehlen die Qualitäten, durch die wir uns geborgen und verbunden fühlen. Führe dir noch einmal die Charakteristika einer positiven

Beziehung vor Augen, die auf den Seiten 106 ff. thematisiert wurden und ergänze sie, wenn du das nicht bereits schon getan hast.

Und nun stelle dir folgende Fragen über die Beziehungen in deinem Leben (dabei geht es um familiäre Beziehungen, Freundschaften, Bekanntschaften und alles, was einen Einfluss auf dich hat):

- Stellen meine Beziehungen für mich positive Beziehungen dar? Erfüllen sie meine Wünsche und finde ich in ihnen das, was mir wichtig ist?
- Gibt es Beziehungen, die mich belasten und in die ich etwas mehr Distanz reinbringen möchte?
- Gibt es Beziehungen, die für mich positiv sind und die ich intensivieren möchte?

Vielleicht ist dir schon in dem Kontakttagebuch aus dem Kapitel zur Selbsterforschung (S. 130 ff.) etwas in dieser Richtung aufgefallen. Erlaube dir, deine eigenen Grenzen in dieser Hinsicht wahrzunehmen, auf sie zu hören und sie einzuhalten. Du darfst einige Menschen auch weniger in dein Leben lassen und den Kontakt reduzieren, wenn du das Bedürfnis verspürst. Betrachte deine emotionalen Grenzen als ein Hilfsmittel, um dein Leben und deine Beziehungen positiv zu gestalten.

MERKE Es ist dein Leben und du entscheidest, mit wem du deine Zeit verbringst.
Manchmal haben wir Angst davor, mit uns allein zu sein und klammern uns deshalb an Beziehungen, die uns im Grunde gar nicht guttun und uns Kraft kosten. Es kann befreiend und hilfreich sein, sich von solchen Beziehungen zu lösen.

Gewaltfrei mit anderen kommunizieren

Eine wertschätzende Kommunikation ist essenziell, wenn wir gute Beziehungen führen wollen. Viel davon ist im Konzept der Gewaltfreien Kommunikation (GFK) angelegt. Die GFK ist ein Konzept des Psychologen Marshall Rosenberg und steht in der Tradition der humanistischen Psychologie nach Carl Rogers. Sie besteht aus vier grundlegenden Schritten, nach denen sich achtsame Kommunikation umsetzen lässt (Rosenberg 2013):

Erster Schritt: Wertfreie Betrachtung und Beschreibung einer Situation → Welche Situation bereitet dir gerade ein schlechtes Gefühl? Was war der Auslöser, was ist geschehen? Versuche, die Situation zunächst ganz neutral zu beschreiben und noch keine Deutungen und auch keine Schuldzuweisungen zu formulieren. Wenn du merkst, dass solche Gedanken auftauchen, gib ihnen Raum und sei dir bewusst, dass es deine Interpretationen sind. Ordne sie als diese ein und kehre dann wieder zurück zu der neutralen Beschreibung des Problems.

Zweiter Schritt: Anerkennung der damit verbundenen Gefühle → Lass in diesem Schritt alle Gefühle zu, die diese Situation in dir auslöst. Horche ganz tief in dich hinein und erforsche, was hinter möglichen Schuldzuweisungen und sekundären Gefühlen wie Ärger, Wut oder Empörung steckt. Beispiel: »Ich fühle mich betrogen« ist kein wahres Gefühl, sondern eine Deutung und zudem eine Schuldzuweisung. Gehe tiefer und frage dich, wovor dich dieses indirekte Gefühl schützt. Was steckt dahinter? Trauer? Angst? Es geschieht oft, dass uns zuerst die sekundären Gefühle auffallen und sie uns präsenter sind. Sie verdecken dabei die authentischen Gefühle wie Trauer, Angst, Verlustangst oder Einsamkeit. Mache deinem Gegenüber deutlich, wie du dich fühlst.

Dritter Schritt: Einsicht in das Bedürfnis, das diesen Gefühlen zugrunde liegt → Hinter jedem Gefühl steckt ein Bedürfnis. Welches steckt hinter deinem Gefühl? Es können vielfältige Bedürfnisse sein: Wertschätzung, Unterstützung, Miteinander, Verständnis, Anerkennung, Geborgenheit, Erfolg, Nähe, Liebe und noch vieles mehr. Lass dabei auch die Trauer zu, dass das Bedürfnis oder die Bedürfnisse nicht erfüllt worden sind. Unsere Bedürfnisse sind ein Teil von uns und tief verankert – wenn sie unerfüllt bleiben, kann das schmerzen.

Vierter Schritt: Formulierung einer konkreten Handlung, um das Bedürfnis zu erfüllen → Formuliere am Ende dieses Kommunikationsprozesses einen konkreten Wunsch an dich selbst oder an eine andere Person. Welche Handlung kannst du umsetzen, damit dein Bedürfnis in Zukunft besser erfüllt wird? Dein Wunsch sollte konkret und realistisch formuliert sein. Das bedeutet, sich präzise an den Fragen »Wann?«, »Wo?«, »Wie oft?« zu orientieren. Achte darauf, dass du positiv und konkret formulierst und keine absoluten Forderungen stellst.

Wenn du diese Grundsätze in der Kommunikation beherzigst, tust du allen Beziehungen in deinem Leben etwas Gutes und stärkst sie.

Die einzelnen Schritte kannst du auch sehr gut nutzen, um dich auf ein Gespräch vorzubereiten und um im Vorfeld deine Gedanken und Gefühle zu sortieren. Du kannst die Fragen zu den vier Schritten schriftlich oder in Gedanken beantworten. So kannst du außerdem einen guten Kontakt zu dir selbst und deinen Bedürfnissen herstellen und pflegst eine respektvolle Beziehung mit dir selbst.

BEISPIEL

Nach dem heutigen Arbeitstag ist Iris sehr frustriert. Ihre Chefin hat sie per Mail nach einer Einschätzung in einer konkreten Projektangelegenheit gefragt und Iris hat ihr ebenfalls per Mail geantwortet. Am Nachmittag schreibt ihre Chefin dann eine weitere Mail an mehrere Kolleginnen und Kollegen und fragt in der gleichen Angelegenheit um Rat. Darin erwähnt sie auch, dass Iris ihr in dieser Sache nicht weiterhelfen konnte. Iris fühlt sich vorgeführt und ist zornig. Ihr Ärger lässt sie auch nach Feierabend nicht los. Zu Hause sagt sie zu ihrer Partnerin sogar, sie wolle sich eine neue Stelle suchen, wo sie mehr wertgeschätzt werde.

Auf den Rat ihrer Partnerin hin lässt Iris das Ereignis nochmal Revue passieren. Dann wendet sie die oben genannten vier Schritte an. Sie sortiert ihre Gedanken und Gefühle.

Schritt 1: Beschreiben → Iris wurde um ihre Einschätzung zu einer Sache gebeten und ist dieser Bitte nachgekommen. Für ihre Chefin war die Angelegenheit damit noch nicht erledigt und sie wendet sich danach an einen noch größeren Kreis und bittet um weitere Rückmeldungen.

Schritt 2: Gefühle benennen → Iris fühlt sich unzulänglich und von ihrer Chefin verraten. Sie fühlt sich inkompetent, weil ihre Rückmeldung offenbar nicht gut genug war. Dadurch, dass ihre Chefin in ihrer Mail an die Kolleginnen und Kollegen auch noch erwähnt hat, dass sie Iris bereits um Rat gefragt hat, fühlt sie sich vorgeführt. Wahrscheinlich wollte ihre Chefin sie schlecht dastehen lassen und ihr zu verstehen geben, dass sie ihren Job nicht gut macht. Das alles macht Iris traurig.

Schritt 3: Bedürfnisse erkennen und benennen → Iris möchte in ihrem Job gesehen und für ihre Leistungen anerkannt werden. Sie möchte von ihrer Chefin ernstgenommen und auf Augenhöhe behandelt werden.

Schritt 4: Handlungsformulierung → Es hätte Iris geholfen, wenn sie auf die E-Mail an ihre Chefin eine direkte Rückmeldung bekommen hätte. Dann hätte sie sich nicht so hintergangen und schlechtgemacht gefühlt. Deshalb richtet sich ihre Handlungsformulierung in diesem Fall an ihre Chefin. Iris wünscht sich, dass diese ihr auf konkrete Einschätzungen und Vorschläge wenigstens eine kurze Rückmeldung gibt, da sie sich sonst hintergangen fühlt, wenn ihre Chefin sofort danach eine Mail an mehrere Leute schreibt und erst hier erwähnt, dass ihr die Rückmeldung von Iris nicht ausgereicht hat.

Iris entschließt sich, am nächsten Tag das Gespräch zu suchen. Als sie ihrer Chefin gegenübersitzt, formuliert sie ihren Wunsch. Dabei unterscheidet sie zwischen ihren Beobachtungen, Gefühlen und Bedürfnissen. Sie sagt: »Gestern hast du mich nach meiner Einschätzung gefragt und ich habe sie dir mitgeteilt. Daraufhin habe ich keine Rückmeldung von dir erhalten, sondern nur erfahren, dass du in der gleichen Angelegenheit eine weitere Mail an das Team geschickt hast, ergänzt um den Hinweis, dass ich dir ja nicht hätte weiterhelfen können. Ich fühlte mich bloßgestellt und vorgeführt und möchte von dir anerkannt und auf Augenhöhe behandelt werden. Bitte gib mir in Zukunft direkt eine Rückmeldung, wenn ich eine Anfrage von dir nicht genügend bearbeite, sodass ich selbst die Chance habe, sie zu korrigieren.« Ihre Chefin entschuldigt sich dafür, was ihr Verhalten bei Iris ausgelöst hat. Sie antwortet, dass sie unter Stress stand und schlicht schnell eine Antwort auf ihre Frage brauchte, weil die Zeit drängte. Dass sie in der Mail an mehrere Kolleginnen und Kollegen erwähnt hat, dass Iris nicht weiterhelfen konnte, sollte nur unterstreichen, wie komplex die Angelegenheit ist, da nicht einmal Iris schnell eine Lösung wusste. Denn sie sehe Iris als überaus kompetente und wertvolle Mitarbeiterin und werde ihrem Wunsch in Zukunft nachkommen und ihr in solchen Situationen möglichst direkt antworten.

MERKE Zur gewaltfreien Kommunikation gibt es viele Kurse, Seminare und Anleitungen. Wenn du diesen Aspekt in deinem Leben vertiefen möchtest, wirst du schnell fündig.

Aktivitäten mit anderen

Gemeinsame Aktivitäten haben einen schützenden Effekt (Pinquart & Sörensen 2001). Die positive Wirkung auf Gesundheit und Wohlbefinden ist enorm.

Welche Aktivitäten machen dir Spaß? Was macht du gern allein? Hier kannst du dich auch auf das beziehen, was du im vorigen Kapitel (S. 174) über dich und deine Interessen notiert hast. Wie und wo könntest du mehr gemeinsam mit anderen Menschen unternehmen? Du kannst diese Tabelle (s. Arbeitsblatt 14, S. 182) als Orientierungshilfe nehmen, um Aktivitäten mit anderen zu planen:

So triffst du auf Menschen, die deine Interessen und Hobbys teilen, was den gemeinsamen Kontakt einfacher und positiver gestalten kann.

Eine weitere Möglichkeit, Menschen zu treffen und Teil eines sozialen Netzes zu werden, ist der Eintritt in einen Verein. Es gibt Vereine zu verschiedensten Themen und Interessen: Natur und Umwelt, Politik, Menschenrechte, Kunst und Kultur, Sport und vieles mehr. Oft gibt es in Vereinen die Gelegenheit, sich zu engagieren, indem man z. B. eine feste Aufgabe oder ein Amt im Verein übernimmt. Der Zweck eines Vereins kann auch einfach darin bestehen, gemeinsam einer Aktivität nachzugehen und Spaß zu haben. In jedem Fall steht ein Verein für das gemeinsame Handeln von Menschen und bietet vielleicht auch für dich eine gute Perspektive.

ARBEITSBLATT 14 »Zusammen geht es auch!« – Unternehmungen mit anderen planen

Welche Aktivität macht mir Freude?	Wen könnte ich direkt fragen? Wo könnte ich hingehen? Gibt es eine Gruppe oder einen Verein?
z. B. Musik hören und laut mitsingen	Einen Chor in meiner Nähe suchen
z. B. Wandern	Wandergruppe im Internet suchen oder einen Zettel im nächsten Nachbarschaftsladen, Bürgerzentrum oder Supermarkt aufhängen (Wer hat Lust, gemeinsam wandern zu gehen?)

SCHON GEWUSST?

Der Sozialverband Deutschland (SOVD) bietet viele verschiedene Veranstaltungen und Aktivitäten für wenig Geld an, zum Beispiel auch Ausflüge und kleine Urlaubsreisen. Hier kannst du eintreten, von der Gemeinschaft profitieren und sie gleichzeitig bereichern. Der SOVD hat Standorte in vielen Städten.

Helfen hilft

Helfen hilft – und zwar doppelt: der Person, die die Hilfe erhält und der Person, die hilft. So ist das Helfen eine Methode, auch etwas für uns selbst zu tun. Studien weisen nach, dass Helfen einem selbst hilft und mit einem gesundheitlichen Vorteil und einer höheren Stressresilienz verbunden ist (Brown & Brown 2015).

BEISPIEL ULRIKE

Ich helfe einer Frau in der Nachbarschaft. Sie wohnt ein paar Häuser weiter und ich gehe für sie einkaufen, das schafft sie nicht mehr. Und sie hilft mir, indem sie auch für mich da ist, wenn ich mal schlecht drauf bin. Dann kann ich bei ihr vorbeikommen und wir trinken einen Kaffee. Manchmal kocht sie auch was und wir essen zusammen. Mal zahlt sie, dann ich. Wir haben auch schon mal was zusammen gekocht. Ich muss natürlich immer zu ihr kommen, sie ist nicht so mobil. Den Weg würde sie nicht schaffen. Anderen zu helfen, hilft einem auch selbst.

Es gibt viele Möglichkeiten, anderen Menschen zu helfen. Wichtig ist, dass du auf eine Weise hilfst, die für dich keine zu große Belastung darstellt. Hilfe wird an vielen Orten gebraucht. Im Altersheim, in Kitas, Jugendzentren, Begegnungsstätten und in vielen anderen Institutionen werden Ehrenamtliche gesucht. Frag ruhig direkt nach – ganz sicher werden sich diese Einrichtungen über dein Hilfsangebot freuen! Die konkrete Unterstützung kann dabei ganz unterschiedlich aussehen: vom Erledigen von Einkäufen bis hin zur Hausaufgabenhilfe, der Unterstützung bei Veranstaltungen und beim Kochen ...

Zu helfen ist eine recht direkte und leichte Weise, mit anderen in Kontakt zu treten. Deine Hilfe muss sich dabei nicht direkt auf Menschen beziehen, du könntest auch in einem Tierheim aushelfen und z. B. Hunde zum Spaziergang ausführen, wenn du Hunde magst. Und auch so kannst du ganz nebenbei auf andere Menschen treffen und dein soziales Netz erweitern.

So trägst du einen Teil zu einem sozialen und warmherzigen Miteinander bei, das Einsamkeit in der Gesellschaft verringern kann.

SCHON GEWUSST?

In vielen Städten und Regionen gibt es Vermittlungsstellen für Ehrenamtliche, bei denen man sich registrieren und in bestimmten Bereichen vermitteln lassen kann. Und auch über das Internet findest du zahlreiche Vermittlungsdatenbanken für ehrenamtliche Tätigkeiten und Jobs.

Die Nachbarschaft (mit-)gestalten

Die Nachbarschaft als unser direktes Umfeld hat großes Potenzial, Einsamkeit zu reduzieren und Verbundenheit und Zufriedenheit zu fördern. Es lohnt sich also, sich in der Nachbarschaft zu engagieren, Kontakt aufzunehmen und sich als aktiver Teil der Nachbarschaft zu verstehen, um für ein wohltuendes Umfeld zu sorgen.

Falls du die Menschen neben dir noch nicht kennst, stell dich vor! → Kennst du die anderen Menschen in deinem Wohnhaus oder in den Nachbarhäusern? Für einige ist das eine Selbstverständlichkeit – für andere keineswegs üblich. Falls du die Menschen um dich herum (noch) nicht kennst, stell dich vor.

Du kannst ganz klassisch klingeln und dich persönlich vorstellen – vielleicht sogar etwas Kleines verschenken. Über einen Muffin freut sich doch eigentlich jede!

Die Beziehung zu deinen direkten Nachbarn und Nachbarinnen muss nicht zwingend sehr eng werden – vielleicht passt ihr nicht so gut zusammen. Trotzdem kann es ein gutes Gefühl sein, zu wissen, wer in der unmittelbaren Umgebung lebt. Nicht zuletzt bedeutet gute Nachbarschaft auch manchmal spontane Unterstützung – wen fragst du zum Beispiel, wenn du am Sonntag mal ein Paket Milchreis brauchst?

Hilfe anbieten → Zuvor haben wir schon thematisiert, dass Hilfe allen Beteiligten zugutekommt. Wenn du mitbekommst, dass jemand in deiner Nachbarschaft Hilfe gebrauchen könnte, biete sie an. Am offensichtlichsten ist das bei älteren Menschen – vielleicht kannst du jemandem beim Einkaufen helfen. Und auch jüngere Menschen, z. B. Alleinerziehende haben oft einen sehr anstrengenden Alltag zu meistern und freuen sich über jede Unterstützung. Vielleicht erleichterst oder verschönerst du mit einer Stunde Kinder- oder Haustierhüten jemandem den Tag. Auch bloß das Pflanzengießen kann helfen. Wenn du mitbekommst, dass jemand in den Urlaub fährt, biete auch das gern an. Viele praktische Unterstützungsmöglichkeiten ergeben sich aus dem Kennenlernen und aus der Kommunikation – nutze die Gelegenheit, Hilfe anzubieten, wenn sie sich ergibt.

Bücher weitergeben → Bücher haben wir meist sehr viele und die wenigsten davon lesen wir mehrfach, wenn wir ehrlich sind. Trotzdem schmeißen wir sie nicht weg. Eine Möglichkeit, in deinem Regal etwas Raum zu schaffen und gleichzeitig deiner Nachbarschaft etwas Gutes zu tun, ist eine Bücherbörse. Diese kann ganz unterschiedliche Formen annehmen. Wenn du in einem Mehrfamilienhaus lebst, dann kannst du zum Beispiel einen Karton mit den Büchern ins Treppenhaus stellen, die noch gut erhalten sind, die du aber nicht mehr brauchst. Wenn du in einem Einfamilienhaus lebst, kannst du auch eine Kiste nach draußen stellen, achte dann nur darauf, dass sie wettergeschützt ist.

Mit einem Schild kannst du auch andere dazu auffordern, etwas in die Kiste zu legen, was sie nicht mehr lesen. Zum Beispiel so: »Dies ist eine Büchertauschkiste – nimm dir, was du magst, und leg hinein, was du anderen geben möchtest.«

Farbtupfer säen → Gerade in der Stadt haben nicht alle Menschen einen eigenen Garten vor der Haustür und oft prägen leider eher auch karge Abschnitte das Stadtbild. Nutze die Möglichkeit und pflanze bunte Blumen in deiner Nachbarschaft. Du kannst einen Grünstreifen verschönern, indem du z. B. bunte Tulpenzwiebeln im Winter einpflanzt. So setzt du bunte Farbtupfer, die dich und deine Nachbarschaft im Frühling ganz bestimmt erfreuen. Vielleicht finden sich ja auch andere Menschen in deiner Umgebung, die dich dabei unterstützen wollen – mehr Menschen, mehr Blumen!

Internetplattform → www.nebenan.de: Viele dieser Hinweise kannst du auch online umsetzen und Kontakte finden. Wenn du gern im Internet unterwegs bist, kannst du www.nebenan.de nutzen, um Dinge zu verschenken, zu verkaufen, zu tauschen und um dich über große und kleine Angebote in der Nachbarschaft zu informieren.

Solche digitalen nachbarschaftlichen Kontaktformen werden immer beliebter – offenbar wünschen sich viele Menschen, wieder mehr mit den Menschen in ihrer Nachbarschaft in Verbindung zu treten. Und so eine Internetplattform bietet dafür Möglichkeiten – ohne Verpflichtungen.

MERKE www.nebenan.de ist eine kostenlose Internetplattform, die Nachbarschaften vernetzen soll.

Briefe schreiben

So wie das Tagebuchschreiben einen wohltuenden oder gar therapeutischen Effekt für dich selbst haben kann, kann das Briefeschreiben helfen, mit anderen in Kontakt zu kommen. Das Schreiben ist hier ein Weg, Gefühle und Gedanken auszudrücken und mit einem anderen Menschen zu teilen.

Deshalb sind Brieffreundschaften für viele Menschen eine wunderbare Form der Kommunikation. Sie führen jahrelange Brieffreundschaften und sehen sich dabei unter Umständen nicht mal persönlich. Trotzdem vertrauen sie der anderen Person sehr intime Gefühle an und gehen somit eine tiefe Verbindung ein.

Eine Brieffreundschaft ist vor allem auch dann eine gute Möglichkeit, in Kontakt zu bleiben, wenn persönliche Treffen schwerfallen, z. B. bei

Mobilitäts- oder Gesundheitseinschränkungen oder auch in Zeiten von Kontaktbeschränkungen, wie in der Pandemie.

Während der Pandemie wurden deshalb viele Briefprojekte ins Leben gerufen, die hoffentlich auch noch lang andauern. Vielleicht ist eine Brieffreundschaft auch für dich eine Möglichkeit, Kontakt aufzubauen und dein Leben um eine Facette zu bereichern.

SCHON GEWUSST?

Der Verein Deutsche Sprache e. V. vermittelt über seine Website https://vds-ev.de/brieffreunde/ Brieffreundschaften in ganz Deutschland. Und das Projekt »Stift & Papier« hat sich zum Ziel gesetzt, durch Briefe Generationen zu verbinden und arbeitet deshalb mit Einrichtungen für ältere Menschen zusammen. Dieses Projekt ist zu Beginn der Corona-Pandemie entstanden und hat sich seitdem stetig vergrößert. Näheres erfährst du unter https://www.stiftundpapier.org/.

Auch das Verschicken von Karten kann eine Freundschaft oder eine andere Beziehung versüßen. Anlässe für Karten gibt es eigentlich immer: Geburtstage, Weihnachten, ein neuer Job. Ein bloßes Danke, Wünsche für ein gutes Wochenende, Trost und Mut in einer schwierigen Phase ausdrücken – Karten kann man zu jeder Gelegenheit verschicken. Oder wie wäre es mit einem schlichten »Schön, dass es dich gibt«?

Wenn du gern malst oder gestaltest, kannst du diese Postkarten auch selbst anfertigen. Es gibt viele Anleitungen für einfache und schöne Grußkartendesigns. Wer bekommt nicht gern etwas selbst Gemachtes?

Einfach mal mit Fremden reden

Auch wenn bisher vor allem die Rede von den Vorteilen intensiver Beziehungen und guter Beziehungsqualität war (S. 106 ff.), so möchte ich an dieser Stelle kurz auf den positiven Effekt von spontanen, unverbindlichen und flüchtigen Kontakten eingehen.

Vielleicht kennst du diese Dynamik: Ein kurzes ungezwungenes Gespräch mit einer Person, die du danach wahrscheinlich nicht wiedersiehst, eine kurze Unterhaltung, die nicht zu tief geht, ein spontanes gemeinsames Lachen – das kann die Laune heben.

Eine Studie aus Chicago (Epley & Schroeder 2014) bestätigt dies und weist nach, dass der Kontakt zu Fremden erheblich zum Wohlbefinden beitragen kann. Das Forschungsteam untersuchte, wie Menschen sich fühlen, wenn sie in der Bahn mit fremden Menschen sprechen, und wie Menschen sich fühlen, wenn sie das nicht tun. Und das Ergebnis war eindeutig: Sprechen die Teilnehmenden auf ihrer Fahrt mit Fremden, fühlen sie sich hinterher glücklicher! Die Menschen, die sich auf der Fahrt nicht unterhalten haben, hingen tendenziell eher ihren eigenen Gedanken nach und das steigerte die Laune nicht.

Auch solche kurzen Begegnungen und Gespräche haben also eine positive Kraft und sollten hin und wieder genutzt werden!

MERKE Gute Gelegenheiten für kurze Gespräche mit Fremden sind zum Beispiel im Wartezimmer einer Praxis, in der Bahn oder auf dem Wochenmarkt.

Sing in einem Chor

Das gemeinsame Singen ist eine ganz besonders gesunde Aktivität. Hier wird gemeinsam geatmet, die Menschen erleben gemeinsam Harmonien und Melodien und können sich gemeinsam in ein Lied hineinfallen lassen. So entsteht ein starkes Gemeinschaftsgefühl.

BEISPIEL MANUELA

Ich habe mal in einem Chor gesungen und das hat mir wirklich sehr viel Spaß gemacht. Das ist eine ganz besondere Form der Gemeinschaft und der Gruppendynamik. Ich würde sagen, dass wirklich ganz verschiedene Leute in diesem Chor waren und dass man sich vielleicht ohne den Chor auch nicht unbedingt kennengelernt hätte. Und dann beim Singen entsteht eine ganz besondere Form des Zusammenseins. Das hat auch etwas Körperliches und Unmittelbares – so mit der eigenen Stimme zu arbeiten, mit anderen zusammen loszulassen. Und sich gemeinsam auf die Musik einzulassen und laut zu singen – irgendwie sehr intim. Nach dem Singen fühlte ich mich auf jeden Fall immer gelöster und entspannter als vorher.

In mehreren Studien wurden die körperlichen Mechanismen untersucht, die diesen von Manuela beschriebenen Gefühlen zugrunde liegen. Das Singen in der Gemeinschaft führt zur Ausschüttung von Glücks- und entzündungshemmenden Hormonen, die das Immunsystem stärken und die Stressresilienz erhöhen (Kreutz u.a. 2004).

Es kann sich also lohnen, einen Chor zu suchen und mit anderen zu singen!

MERKE Chöre gibt es in ganz verschiedenen Varianten und musikalischen Richtungen: Klassisch, moderne Popmusik, 70er, 80er … Informiere dich über Chöre in deiner Nähe.

In der Selbsthilfegruppe Gleichgesinnte finden

Wenn deine Einsamkeit darauf beruht, dass du dich mit einem bestimmten Problem konfrontiert siehst, dann kann der Kontakt mit Menschen helfen, die das gleiche Problem haben. Hier könnte ein Raum entstehen, wo du dich verstanden und verbunden fühlst.

Wir haben gesehen, dass einige Gruppen strukturell ein höheres Risiko für Einsamkeit haben. Hier kann es sinnvoll sein, sich als Interessengemeinschaft zusammenzuschließen und gemeinsame Forderungen zu formulieren. So können gesellschaftliche Prozesse in Gang gebracht werden, die noch mal auf ganz anderer Ebene vor Einsamkeit schützen.

So erzählt Adalbert von seinem Kontakt mit Menschen, die das gleiche Darmleiden haben wie er selbst, und von einer diesbezüglichen Initiative, an der er mitarbeitet:

BEISPIEL ADALBERT

Ich habe immer noch Kontakte mit Menschen, die an derselben Krankheit leiden wie ich. Aber ich tausche mich nicht mehr so viel darüber aus wie früher. Ich höre mittlerweile eher anderen Kranken zu, weil ich das meiste eben schon kenne. Das sind dann Privatnachrichten auf Instagram. Da gibt es ein paar Leute, die sehr aktiv sind und die auch öffentlich sehr viel damit umgehen. Und wenn man in seinem Profil verdeutlicht, dass man eine chronische Darmkrankheit hat, dann wird man auch angenommen. Für mich geht es dann wirklich zum Großteil um Sichtbarkeit. Ich teile zum Beispiel manchmal irgendwelche Memes über Darmkrankheit, die ich lustig finde. Sichtbarkeit schaffen, das signalisiert neuen Leuten, das man nicht allein ist. Im Moment planen wir eine Peer-to-Peer-Beratung unter den Studis mit chronischer Erkrankung. Manche kennen das ganze Prozedere mit den Anträgen nicht und dann kann es total helfen, wenn da jemand ist, der das alles schon zigmal durchgemacht hat und der auch weiß, welcher Arzt in dieser Hinsicht besonders empfehlenswert ist. Diese moralische Unterstützung, dem anderen zu zeigen, irgendjemand hat diesen Kampf schon vor mir gekämpft, gibt ein gutes Gefühl.

Hilfe per Telefon

In akuten Krisenmomenten, und da kann die Einsamkeit, die droht überhandzunehmen, auch dazugehören, darf man auch die Telefonhotline anrufen. Hier kann eine Entlastung im ersten Moment stattfinden. An Krisen- oder Sorgentelefonen sitzen geschulte Fachleute, die dir in solchen Momenten gern ihr Ohr schenken und den Leidensdruck in dem akuten Moment lindern können. Für ältere Menschen gibt es zum Beispiel das Silbernetz, das sich explizit des Themas Einsamkeit annimmt. Andere Telefonhotlines benennen die Einsamkeit als Anlass nicht direkt, können jedoch auch in solchen Momenten genutzt werden. Immer wenn Leidensdruck und Redebedarf sehr stark, aber keine Ansprechperson verfügbar ist. So können solche Angebote eine Stütze in schwierigen Lebenssituationen sein.

- Silbernetz e. V. (für ältere einsame Menschen): 08004708090
- Telefonseelsorge: 08001110111
- Nummer gegen Kummer (speziell für Jugendliche): 0116111
- Info-Telefon Depression: 08003344533

Meine Verbindung mit der Natur

Natur gilt als rundum gut für die Gesundheit. Es wird jedem empfohlen, viel Zeit in der Natur zu verbringen. Natur ist ein Heilmittel für Körper und Seele (Capaldi u. a.2014; Hammoud u. a. 2021).

Eine Studie (Marselle u. a. 2020) hat die psychische Wirkung von Bäumen in der Stadt untersucht und dabei herausgefunden, dass in den Wohngebieten, wo es mehr Bäume gibt, weniger Antidepressiva und andere Medikamente verschrieben wurden. Das Forschungsteam sieht hier einen wichtigen Hebel, wie beispielsweise durch Stadtplanung etwas für die Gesundheitsförderung aller Bevölkerungsgruppen getan werden kann. Im Hinblick auf Einsamkeitsgefühle kommt der Natur ebenfalls eine wichtige Rolle zu: In einer anderen Studie konnte sogar belegt werden, in welchem Ausmaß die Zeit in der Natur Einsamkeitsgefühle reduziert. Sahen die Menschen Pflanzen, den Himmel, Wasser oder Vögel und lauschten sie den Geräuschen der Natur, gaben sie an, sich weniger einsam zu fühlen (Hammoud u. a. 2021). Dafür wurden die aktuellen Gefühle der Teilnehmenden als Echtzeitdaten mithilfe einer App gesammelt. Der Effekt ist beeindruckend: Mitten in der Natur verringerte sich die Einsamkeit um ca. 28 Prozent.

Hier wird einmal mehr deutlich, dass Einsamkeit ein beeinflussbares Gefühl ist. Jeder Mensch mit Einsamkeitsgefühlen kann von intensiver Zeit in der Natur profitieren und sollte dies nutzen.

SCHON GEWUSST ?

In Kanada werden mittlerweile Spaziergänge in Nationalparks zur psychischen und physischen Erholung verschrieben. Zeit in der Natur auf Rezept ist schon in vier kanadischen Staaten möglich. Die Eintrittspreise für die Nationalparks werden für ein Jahr übernommen. Grund dafür ist die Erkenntnis, dass schon zwei Stunden pro Woche in der Natur einen positiven Effekt auf Psyche und Körper haben. Mit diesem Gesetz ist Kanada ein Durchbruch im Umgang mit mentaler und körperlicher Gesundheit gelungen, das den gesundheitlichen Wert der Natur in einer konkreten gesundheitspolitischen Gesetzgebung festschreibt.

Mehr Natur in den Alltag bringen

In den Ausführungen zuvor wurde schon mehrfach der Nutzen von regelmäßigen Spaziergängen betont. Auch an dieser Stelle möchte ich noch mal dazu aufrufen, Spaziergänge in den Tagesablauf einzubauen. Verabrede dich am besten regelmäßig und verbindlich mit dir selbst zu einem Spaziergang. Besonders gesundheitsfördernd ist es, wenn du dabei möglichst viele Berührungspunkte mit der Natur hast und in den Park, Wald, an den See oder ans Meer gehst.

MERKE Versuche, das Draußensein in deinen Alltag zu integrieren: Vielleicht kannst du dein Buch anstatt auf dem Sofa im Park lesen, das Wochenende für einen Ausflug an einen See nutzen, Fahrrad statt Auto fahren oder deine Mittagspause an der frischen Luft verbringen.

Müll sammeln

Eine besondere Form des Engagements sind Müllsammelaktionen, auch »Clean Ups« genannt. Viele Gemeinden und Vereine organisieren solche Aktionen, um Wohn- und Naturflächen von Müll zu befreien. Denn leider kommt es immer wieder vor, dass in Städten und Gemeinden, an Stränden und in Naturschutzgebieten Müll herumliegt. Dies ist für die dort lebenden Menschen ärgerlich und für Mensch und Tier gleichermaßen unangenehm oder sogar gefährlich.

Deshalb sind solche Müllsammelaktionen gleich aus mehreren Gründen empfehlenswert: du bist draußen, engagierst dich für einen guten Zweck und gehst einer sinnstiftenden Tätigkeit nach – und ganz nebenbei triffst du auf Gleichgesinnte und kannst Kontakte knüpfen.

MERKE Informiere dich, wann in deiner Umgebung Clean Ups angeboten werden.

Der Natur zuhören

Die Geräusche und Klänge der Natur haben einen ganzheitlich positiven Effekt auf Gesundheit und Wohlbefinden. Schmerzen werden gelindert, Stress reduziert, die innere Verfassung und Stimmung aufgehellt. Sie reduzieren Angst und lösen das tiefe Gefühl aus, dass alles in Ordnung ist. Je weniger »menschliche« Geräusche wie Stadtlärm dabei gleichzeitig zu hören sind, desto besser (Buxton u.a. 2021). Deshalb tue dir etwas Gutes und nimm dir hin und wieder die Zeit, einen Ort in der Natur aufzusuchen, zum Beispiel einen Wald, und einfach nur zu lauschen.

MERKE Wenn du es nicht schaffst, die Natur so oft auszusuchen, wie du möchtest, kannst du auch eine andere Möglichkeit ausprobieren: Es gibt CDs mit verschiedenen Naturklängen und auch YouTube oder spezielle Apps fürs Handy bieten die wohltuenden Geräuschkulissen an. Vielen Menschen hilft das z. B. beim Einschlafen.

Achtsamkeitsspaziergang

Auch in der Achtsamkeit wird oft Bezug auf die Natur genommen und in vielen Übungen wird die Kraft der Natur als Element miteinbezogen. So auch beim Achtsamkeitsspaziergang.

ÜBUNG Gehe besonders langsam und halte zwischendurch immer mal wieder inne.

Was siehst du? Welche Farben umgeben dich?

Was hörst du? Vögel, Grillen, Frösche? Menschen? Den Wind?

Was riechst du? Hat die Luft einen besonderen Duft? Sind es die Bäume oder Blüten, die so duften? Riechst du das frisch gemähte Gras?

Wie fühlt sich der Untergrund unter deinen Füßen an? Spürst du die Sonne oder den Wind? Vielleicht möchtest du etwas anfassen?

So einen achtsamen Spaziergang machst du am besten dort, wo dich möglichst viel Natur umgibt und es nicht so viel Ablenkung gibt – zum

Beispiel im Wald. Aber auch im Park oder einer zusammenhängenden Grünfläche mitten in der Stadt kannst du diese Übung machen.

Pflanzen und Gärtnern

Das Pflanzen und Gärtnern – ob allein oder in Zusammenarbeit mit anderen – birgt für viele Menschen großes Wohlfühlpotenzial und einen wohltuenden Ausgleich zum Stress des Alltags. Der Garten wird zur Erholungsoase, zum Entspannungsort schlechthin. Hier kann man zur Ruhe kommen, mit sich, mit anderen, mit dem Boden und den Pflanzen.

BEISPIEL LAURA

Beim Pflanzen kann ich die Ruhe genießen, die ich dabei habe. Ich betätige mich ein wenig körperlich, bin zum Teil an der frischen Luft und nehme mir das bewusst als Auszeit vom Alltag. Ich pflanze gern allein, da ich bestimmte Vorstellungen habe, die ich allein besser ausführen kann. Den Pflanzen beim Wachsen zuzusehen, ist auch eine schöne Sache. Es entsteht neues Leben, zu dem ich einen kleinen Teil beigetragen habe.

BEISPIEL LARISSA

Ich habe einen kleinen Schrebergarten, da kann ich auch ganz gut mal alleine hinfahren und ein paar Stunden was tun. Das ist so eine gute Abwechslung. Wenn ich den ganzen Tag vorm PC sitze, dann brauche ich mal was Handfestes. Im Garten sieht man, was man gemacht hat. Das ist ganz anders als auf meiner Arbeitsstelle, wo immer nur Menschen mit Problemen warten. Denen man helfen soll. Da ist das im Garten eine andere Ebene.

Wenn du eine neue Pflanze säst, übernimmst du eine besondere Form der Verantwortung. Du beginnst ganz am Ursprung und pflanzt einen Samen in die Erde, und dann begleitest du die junge Pflanze beim Wachsen. Dabei leistest du einen wertvollen Beitrag zu deiner Welt.

MERKE Probier es doch einfach mal aus, es muss nicht gleich ein eigener Schrebergarten sein. Die Fensterbank oder der Balkon können gut genutzt werden und das kann Freude machen. Let it grow!

Birding

Der modern klingende Begriff »Birding« bezeichnet eine Aktivität, die es im Grunde schon sehr lang gibt und die in letzter Zeit wieder sehr beliebt geworden ist. Man könnte auch einfach »Vogel beobachten« sagen. Für dieses Hobby, das für viele vielleicht einen leicht verschrobenen Anstrich hat, muss man keine ornithologische Ausbildung haben und sich gar nicht mit Vogelkunde auseinandergesetzt haben.

Vögel beobachten kannst du im Grunde überall, in der Stadt, auf dem Balkon oder direkt vor deinem Fenster. Oft lohnt sich trotzdem ein Ausflug ins Grüne, um Vögel in ihrem natürlichen Lebensraum zu beobachten. Gut ausgestattet bist du bereits mit Fernglas und wetterfester Kleidung. Das Beobachten der Tiere hat einige positive Effekte: Man konzentriert sich voll auf eine Sache und entspannt sich dadurch. Der hübsche Eichelhäher ist dann wichtiger als die Gedanken, die vorher im Kopf präsent waren. Wenn das Vogelbeobachten etwas für dich ist, kann es eine gute Möglichkeit sein, eine wohltuende Verbindung zwischen dir und der Natur aufzubauen.

MERKE Birding ist ein Hobby, das man gut allein betreiben kann – gerade wenn man die Ruhe und die Klänge der Natur genießen möchte. Es geht aber auch zusammen! Entsprechende Verbände bieten gemeinsame Vogelwanderungen an (z. B. der NABU) und es gibt sogar öffentliche Bird Racings, wo Menschen gegeneinander um die Wette nach Vogelarten suchen. Wer die meisten gesichtet hat, gewinnt.

Lass dir von einem Baum den Rücken stärken

Diese Übung von Christine Brähler (2020, S. 67) kannst du umsetzen, wenn du an irgendeinem Ort mit Bäumen bist, zum Beispiel im Park oder im Wald. Sie eignet sich immer dann, wenn du dich innerlich stärken möchtest oder auch dann, wenn du einfach ohne konkreten Anlass die Stärke eines Baumes genießen möchtest.

Setze dich mit dem Rücken an einen Baumstamm und lehne dich an. Spüre, wie deine Wirbelsäule gestützt wird und wie viel Halt er dir gibt. Frage dich, wie lange er hier wohl schon steht, wie alt er ist und was er hier schon alles überdauert hat. Werde dir seiner Stärke und Beständigkeit bewusst. Stelle dir vor, wie viel Leben in ihm ist. Wie Wasser und Nährstoffe von den Wurzeln in die Baumkrone fließen. Schaue nach oben in die Krone des Baumes und nimm seine Größe wahr. Lass das Gefühl des Baumes in deinem Rücken auf dich wirken und spüre, was das mit dir macht. Fühlst du dich stärker durch den Halt, den er dir gibt?

Sternenhimmel

Nutze eine dunkle Stunde, in der du schon einige Sterne am Himmel erkennen kannst und schaue eine Weile in den Himmel. Werde dir bewusst, wie unendlich groß das Universum ist, wie wenig wir eigentlich von ihm wissen und wie klein wir im Vergleich sind. Und wie klein auch unsere Gefühle und Sorgen im Vergleich dazu sind.

Fühle in dich hinein und spüre, welche deiner Gefühle beim Anblick dieses Wunders wirklich noch Bestand haben. Sind es die Sorgen und Ängste oder die Liebe und die Freude, die du in dir trägst?

MERKE Die Natur kann ein tiefes Gefühl der Verbundenheit in Menschen auslösen. Das Gefühl, zu einem größeren Ganzen dazuzugehören, schenkt vielen Menschen Kraft.

Schluss

Nach dieser intensiven Auseinandersetzung mit Einsamkeit möchte ich zehn wichtige Erkenntnisse zusammenfassen.

Einsamkeit ist ein Gesundheitsrisiko → Ein starkes, lang anhaltendes Gefühl der Einsamkeit kann weitgehende negative gesundheitliche Folgen haben.

Viele Menschen kennen das Gefühl → Viele Menschen überall auf der Welt fühlen sich einsam. Niemand ist allein mit diesem Gefühl.

Einsamkeit wird ernst(er) genommen → Das Thema Einsamkeit rückt immer öfter in den Fokus der Öffentlichkeit. So können das Stigma verringert und Lösungswege für Betroffene erarbeitet werden.

Einsamkeit besteht aus einem Wechselspiel verschiedener Faktoren → Die innere psychologische Verfassung, die äußeren Lebensumstände sowie die Werte und Normen einer Gesellschaft haben Einfluss auf das Erleben von Einsamkeit.

Einige dieser Faktoren können wir selbst beeinflussen → Gerade die psychologischen Entstehungs- und Schutzfaktoren in Bezug auf Einsamkeit können wir zu einem Teil selbst beeinflussen. Und ich hoffe, du konntest ein paar Ansätze und Ideen mitnehmen aus diesem Buch. Die Psychotherapie kann eine erfolgreiche Intervention bei Einsamkeitsgefühlen sein.

Der Politik kommt eine Schlüsselrolle zu → Nicht alles ist durch eigene Bemühungen veränderbar. Es gibt bestimmte Bevölkerungsgruppen, die statistisch häufiger und stärker von Einsamkeit betroffen sind. Gesellschaftliche und politische Anstrengungen sind notwendig, um auch in diesen Gruppen mehr soziale Teilhabe und Gerechtigkeit zu ermöglichen.

Einsamkeit hatte ursprünglich eine Schutzfunktion → Ursprünglich sollte uns das Gefühl der Einsamkeit daran erinnern, wieder den Schutz der sozialen Gruppe aufzusuchen.

Sie kann Anlass sein, in uns hineinzuhorchen und Fragen zu stellen → Heute ist das Gefühl der Einsamkeit viel diffuser und weniger eindeutig. Es stellt einen Anlass dar, in uns hineinzuhorchen und herauszufinden, was genau das Gefühl auslöst und welche Bedürfnisse dahinterstecken. Dafür müssen wir das Gefühl zunächst akzeptieren und annehmen.

Sie kann zur Motivation werden, die Welt um uns herum wahrzunehmen und uns zu engagieren → Mit viel Kraft und Mut können wir aus dem Gefühl der Einsamkeit heraustreten und eine Verbindung mit anderen herstellen und uns auf neue Weise mit unserem Umfeld verbinden. Das kann die Welt für alle Beteiligten besser machen.

Die Antwort auf das Gefühl der Einsamkeit findet jeder Mensch für sich selbst → Es gibt viele Mittel und Wege zu mehr Wohlbefinden und weniger Einsamkeit – welcher passt für dich?

Literatur

Adli, M.; Schöndorf, J. (2020): Macht uns die Stadt krank? Wirkung von Stadtstress auf Emotionen, Verhalten und psychische Gesundheit. Bundesgesundheitsblatt – Gesundheitsforschung – Gesundheitsschutz, 63 (8), S. 979 – 986.

Åkerlind, I.; Hörnquist, J. O. (1992): Loneliness and alcohol abuse: A review of evidences of an interplay. Social Science & Medicine, 34 (4), S. 405 – 414.

Alidina, S. (2021): Achtsamkeit für Dummies. Weinheim: Wiley-VCH GmbH.

Barreto, M.; Victor, C.; Hammond, C.; Eccles, A.; Richins, M. T.; Qualter, P. (2021): Loneliness around the world: Age, gender, and cultural differences in loneliness. Personality and Individual Differences, 169, 110066.

Bavishi, A.; Slade, M. D.; Levy, B. R. (2016): A chapter a day: Association of book reading with longevity. Social Science & Medicine, 164, S. 44 – 48.

Beauftragter der Bundesregierung für die Belange von Menschen mit Behinderungen (Hg.) (2018): Die UN-Behindertenrechtskonvention. Übereinkommen über die Rechte von Menschen mit Behinderungen. Stand: November 2018.

Beller, J.; Wagner, A. (2018): Disentangling Loneliness: Differential Effects of Subjective Loneliness, Network Quality, Network Size, and Living Alone on Physical, Mental, and Cognitive Health. Journal of Aging and Health, 30 (4), S. 521 – 539.

Bischkopf, J. (2019): So nah und doch so fern: Mit depressiv erkrankten Menschen leben. Köln: BALANCE buch + medien verlag

Bohus, M.; Wolf-Arehult, M. (2013): Interaktives Skillstraining für Borderline-Patienten: Das Therapeutenmanual: mit 158 Info- und Arbeitsblättern. Stuttgart: Schattauer.

Brähler, C. (2020): Neue Wege aus der Einsamkeit: Mit Selbstmitgefühl zu mehr Verbundenheit. München: Irisiana.

Brown, S. L.; Brown, R. M. (2015): Connecting prosocial behavior to improved physical health: Contributions from the neurobiology of parenting. Neuroscience & Biobehavioral Reviews, 55, S. 1 – 17.

Buecker, S.; Ebert, T.; Götz, F. M.; Entringer, T. M.; Luhmann, M. (2021): In a Lonely Place: Investigating Regional Differences in Loneliness. Social Psychological and Personality Science, 12 (2), S. 147 – 155.

Buecker, S.; Denissen, J. J. A.; Luhmann, M. (2020a): A propensity-score matched study of changes in loneliness surrounding major life events. Journal of Personality and Social Psychology, 121 (3), S. 669 – 690.

Buecker, S.; Maes, M.; Denissen, J. J. A.; Luhmann, M. (2020b): Loneliness and the Big Five Personality Traits: A Meta–Analysis. European Journal of Personality, 34 (1), S. 8 – 28.

Bundesministerium für Arbeit und Soziales (Hg.) (2021): Dritter Teilhabebericht der Bundesregierung über die Lebenslagen von Menschen mit Beeinträchtigungen. Teilhabe – Beeinträchtigung – Behinderung. Bonn.

Bundesministerium für Familie, Senioren, Frauen und Jugend (Hg.) (2019): Dr. Franziska Giffey zeichnet Initiativen gegen Einsamkeit im Alter aus. https://www.bmfsfj.de/bmfsfj/aktuelles/alle-meldungen/dr-franziska-giffey-zeichnet-initiativen-gegen-einsamkeit-im-alter-aus-134644 (15.01.2022).

Bundesministerium für Familie, Senioren, Frauen und Jugend (Hg.) (2017): Siebter Altenbericht. Sorge und Mitverantwortung in der

Kommune – Aufbau und Sicherung zukunftsfähiger Gemeinschaften. https://www.bmfsfj.de/resource/blob/120144/2a5de459ec4984cb2f83739785c908d6/7--altenbericht---bundestagsdrucksache-data.pdf (15.01.2022).

Bundeszentrale für Politische Bildung (2021): Bevölkerung nach Lebensformen. Anteile an der Bevölkerung in Prozent, April 1996 und 2019. https://www.bpb.de/kurz-knapp/zahlen-und-fakten/soziale-situation-in-deutschland/61569/bevoelkerung-nach-lebensformen/ (30.07.2022).

Buxton, R. T.; Pearson, A. L.; Allou, C.; Fristrup, K.; Wittemyer, G. (2021): A synthesis of health benefits of natural sounds and their distribution in national parks. Proceedings of the National Academy of Sciences, 118 (14), e2013097118.

Cacioppo, J. T.; Cacioppo, S.; Boomsma, D. I. (2014): Evolutionary mechanisms for loneliness. Cognition and Emotion, 28 (1), S. 3 – 21.

Cacioppo, J. T.; Hawkley, L. C.; Thisted, R. A. (2010): Perceived social isolation makes me sad: 5-year cross-lagged analyses of loneliness and depressive symptomatology in the Chicago Health, Aging, and Social Relations Study. Psychology and Aging, 25 (2), S. 453 – 463.

Cacioppo, J. T.; Fowler, J. H.; Christakis, N. A. (2009): Alone in the crowd: The structure and spread of loneliness in a large social network. Journal of Personality and Social Psychology, 97 (6), S. 977 – 991.

Cameron, J. (2009): Der Weg des Künstlers. Ein spiritueller Pfad zur Aktivierung unserer Kreativität. München: Droemer Knaur.

Capaldi, C. A.; Dopko, R. L.; Zelenski, J. M. (2014): The relationship between nature connectedness and happiness: A meta-analysis. Frontiers in Psychology, 5.

Choi-Odenwald, T.; Blau, P. (2018): Digital Self vs. Real Self. Die Gen Z in den Sozialen Medien. Heidelberg: GIM Gesellschaft für Innovative Marktforschung.

Cohen, S.; Doyle, W. J.; Skoner, D. P.; Rabin, B. S.; Gwaltney, J. M. (1997): Social ties and susceptibility to the common cold. JAMA, 277 (24), 1940 – 1944.

Coyle, C. E.; Dugan, E. (2012): Social Isolation, Loneliness and Health Among Older Adults. Journal of Aging and Health, 24 (8), S. 1346 – 1363.

Dahlberg, L.; McKee, K. J.; Frank, A.; Naseer, M. (2021): A systematic review of longitudinal risk factors for loneliness in older adults. Aging & Mental Health, S. 1 – 25.

Der Paritätische Gesamtverband (Hg.) (2018): Wer die Armen sind. Der Paritätische Armutsbericht 2018. Berlin.

Deutsches Zentrum für Altersfragen (Hg.) (2016): Deutscher Alterssurvey 2014. Zentrale Befunde. DZA Berlin.

Deutschlandfunk (2021): Generationenvertrag. Füreinander da sein in der »liebenden Kommune«. https://www.deutschlandfunkkultur.de/generationenvertrag-fuereinander-da-sein-in-der-liebenden-100.html (11.08.2022).

Donovan, N. J.; Wu, Q.; Rentz, D. M.; Sperling, R. A.; Marshall, G. A.; Glymour, M. M. (2017): Loneliness, depression and cognitive function in older U. S. adults: Loneliness, depression and cognition. International Journal of Geriatric Psychiatry, 32 (5), S. 564 – 573.

Döring, N.; Bortz, J. (1993): Psychometrische Einsamkeitsforschung: Deutsche Neukonstruktion der UCLA Loneliness Scale. Diagnostica, 39 (3), S. 224 – 239.

Dunbar, R. (1993): Coevolution of neocortical size, group size and language in humans. In: Behavioral and Brain Sciences, 16 (4), S. 681 – 694.

Dürrholz, J. (2017): Ich will! Mich! Frauen heiraten sich selbst. Vom Trend, sich selbst zu heiraten (faz.net) (15.01.2022).

Eisenberger, N. I.; Lieberman, M. D.; Williams, K. D. (2003): Does Rejection Hurt? An fMRI Study of Social Exclusion. Science, 302 (5643), S. 290 – 292.

Entringer, T.; Kröger, H. (2020): Einsam, aber resilient – Die Menschen haben den Lockdown besser verkraftet als vermutet. In: DIW aktuell, 46, S. 1 – 6.

Epley, N.; Schröeder, J. (2014): Mistakenly Seeking Solitude. In: Journal of Experimental Psychology: General, 143 (5), 1 – 20.

Erlenkämper, J. (2021): Warum ein Supermarkt Plauderkassen gegen Einsamkeit einführt. Supermarkt: Warum eine Kette Plauderkassen gegen Einsamkeit einführt – Berliner Morgenpost (15.01.2022).

Esterling, B. A.; L'Abate, L.; Murray, E. J.; Pennebaker, J. W. (1999): Empirical foundations for writing in prevention and psychotherapy. Clinical Psychology Review, 19 (1), S. 79 – 96.

Eyerund, T.; Orth, A. K. (2019): Einsamkeit in Deutschland. Aktuelle Entwicklungen und soziodemographische Zusammenhänge. IW-Report. Wirtschaftliche Untersuchungen, Berichte und Sachverhalte, 22, S. 1 – 25.

Generali Deutschland Holding AG (Hg.) (2017): Generali Altersstudie 2017: Wie ältere Menschen in Deutschland denken und leben. Berlin und Heidelberg: Springer.

Graeupner, D.; Coman, A. (2017): The dark side of meaning-making: How social exclusion leads to superstitious thinking. Journal of Experimental Social Psychology, 69, S. 218 – 222.

Griffin, S. C.; Williams, A. B.; Ravyts, S. G.; Mladen, S. N.; Rybarczyk, B. D. (2020): Loneliness and sleep: A systematic review and meta-analysis. Health Psychology Open, 7 (1), 205510292091323.

Gunzelmann, T.; Beutel, M.; Kliem, S.; Brähler, E. (2016): Suizidgedanken, Hoffnungslosigkeit und Einsamkeit bei Älteren. Zeitschrift für Psychosomatische Medizin und Psychotherapie, 62 (4), S. 366 – 376.

Hammoud, R.; Tognin, S.; Bakolis, I.; Ivanova, D.; Fitzpatrick, N.; Burgess, L.; Smythe, M.; Gibbons, J.; Davidson, N.; Mechelli, A. (2021): Lonely in a crowd: Investigating the association between overcrowding and loneliness using smartphone technologies. Scientific Reports, 11 (1), 24134.

Hawkley, L. C.; Cacioppo, J. T. (2010): Loneliness Matters: A Theoretical and Empirical Review of Consequences and Mechanisms. Annals of Behavioral Medicine, 40 (2), S. 218 – 227.

Hawkley, L. C.; Kocherginsky, M. (2018): Transitions in Loneliness Among Older Adults: A 5-Year Follow-Up in the National Social Life, Health, and Aging Project. In: Research on Aging, 40 (4), S. 365 – 387.

Hawkley, L. C.; Thisted, R. A.; Cacioppo, J. T. (2009): Loneliness predicts reduced physical activity: Cross-sectional & longitudinal analyses. Health Psychology, 28 (3), S. 354 – 363.

Heyn, T.; Heckenroth, M.; Schmandt, M. (2021): Einsamkeit in der Sozialen Stadt. Kann Digitalisierung eine Brücke schlagen? Kurzexpertise der Bundestransferstelle Sozialer Zusammenhalt. Bonn: empirica ag.

Holt-Lunstad, J.; Smith, T. B.; Baker, M.; Harris, T.; Stephenson, D. (2015): Loneliness and Social Isolation as Risk Factors for Mortality: A Meta-Analytic Review. Perspectives on Psychological Science, 10 (2), S. 227 – 237.

Holt-Lunstad, J.; Smith, T. B.; Layton, J. B. (2010): Social Relationships and Mortality Risk: A Meta-analytic Review. PLoS Medicine, 7 (7), e1000316.

Holwerda, T. J.; Deeg, D. J. H.; Beekman, A. T. F.; van Tilburg, T. G.; Stek, M. L.; Jonker, C.; Schoevers, R. A. (2014): Feelings of loneliness, but not social isolation, predict dementia onset: Results from the Amsterdam Study of the Elderly (AMSTEL). Journal of Neurology, Neurosurgery & Psychiatry, 85 (2), S. 135 – 142.

Hradil, S. (1995): Die Single-Gesellschaft. München: C. H. Beck.

Hughes, M. E.; Waite, L. J.; Hawkley, L. C.; Cacioppo, J. T. (2004): A Short Scale for Measuring Loneliness in Large Surveys: Results From Two Population-Based Studies. Research on Aging, 26 (6), S. 655 – 672.

Huxhold, O.; Tesch-Römer, C. (2021): Einsamkeit steigt in der Corona-Pandemie bei Menschen im mittleren und hohen Erwachsenenalter gleichermaßen deutlich. DZA Aktuell 04/2021, S. 1 – 16.

Kar-Purkayastha, I. (2010): An epidemic of loneliness. The Lancet, 376 (9758), 2114 – 2115.

Kidd, D. C.; Castano, E. (2013): Reading Literary Fiction Improves Theory of Mind. Science, 342 (6156), S. 377 – 380.

Kinnert, D.; Bielefeld, M. (2021): Die neue Einsamkeit: Und wie wir sie als Gesellschaft überwinden können. Hamburg: Hoffmann und Campe.

Koch, M. (2021): Abschied von der Realität: Das wahre Problem der Amerikaner. USA: Wie Einsamkeit die Abkehr vom Realen begünstigt (rnd.de) (29.01.2022).

Kraav, S.-L.; Lehto, S. M.; Kauhanen, J.; Hantunen, S.; Tolmunen, T. (2021): Loneliness and social isolation increase cancer incidence in a cohort of Finnish middle-aged men. A longitudinal study. Psychiatry Research, 299, 113868.

Kreutz, G.; Bongard, S.; Rohrmann, S.; Hodapp, V.; Grebe, D. (2004): Effects of Choir Singing or Listening on Secretory Immunoglobulin A, Cortisol, and Emotional State. Journal of Behavioral Medicine, 27 (6), S. 623 – 635.

Kunz, A. (2019): Wie die »Einsamkeitsepidemie« unsere Wirtschaft bedrückt. Krankheitskosten: Wie die »Einsamkeits-Epidemie« unsere Wirtschaft bedrückt. WELT (29.01.2022).

Kunze, F.; Hampel, K.; Zimmermann, S. (2020): Homeoffice in der Corona-Krise: Eine nachhaltige Transformation der Arbeitswelt? In: Policy Papers der Universität Konstanz, 2, S. 1 – 9.

Lee, E. E.; Depp, C.; Palmer, B. W.; Glorioso, D.; Daly, R.; Liu, J.; Tu, X. M.; Kim, H.-C.; Tarr, P.; Yamada, Y.; Jeste, D. V. (2019): High prevalence and adverse health effects of loneliness in community-dwelling adults across the lifespan: Role of wisdom as a protective factor. International Psychogeriatrics, 31 (10), S. 1447 – 1462.

Lindenberger, U.; Smith, J.; Mayer, K.; Baltes, P. (Hg.) (2010): Die Berliner Altersstudie. Ein Projekt der Berlin Brandenburgischen Akademie der Wissenschaften (3. Aufl.). Berlin: Akademie Verlag.

Lippke, S.; Keller, F.; Derksen, C.; Kötting, L.; Ratz, T.; Fleig, L. (2021): Einsam(er) seit der Coronapandemie: Wer ist besonders betroffen? – psychologische Befunde aus Deutschland. Prävention und Gesundheitsförderung, 17 (1), S. 84 – 95.

Luhmann, M. (2021): Einsamkeit — Erkennen, evaluieren und entschlossen entgegentreten. In: Deutscher Bundestag. Ausschuss für Familien, Senioren, Frauen und Jugend (Hg): Ausschussdrucksache 19 (13) 135b.

Luhmann, M.; Buecker, S. (Hg.) (2019): Einsamkeit und Isolation im hohen Alter. Projektbericht. Ruhr-Universität Bochum. https://hss-opus.ub.ruhr-uni-bochum.de/opus4/frontdoor/index/index/docId/6373 (15.01.2022).

Luhmann, M.; Hawkley, L. C. (2016): Age differences in loneliness from late adolescence to oldest old age. Developmental Psychology, 52 (6), S. 943 – 959.

Maes, M.; Qualter, P., Vanhalst, J.; van den Noortgate, W.; Goossens, L. (2019): Gender Differences in Loneliness across the Lifespan: A Meta-Analysis. European Journal of Personality, 33 (6), S. 642 – 654.

Marselle, M. R.; Bowler, D. E.; Watzema, J.; Eichenberg, D.; Kirsten, T.; Bonn, A. (2020): Urban street tree biodiversity and antidepressant prescriptions. Scientific Reports, 10 (1), 22445.

Masi, C. M.; Chen, H.-Y.; Hawkley, L. C.; Cacioppo, J. T. (2011): A Meta-Analysis of Interventions to Reduce Loneliness. Personality and Social Psychology Review, 15 (3), S. 219 – 266.

McKay, M. T.; Konowalczyk, S.; Andretta, J. R.; Cole, J. C. (2017): The direct and indirect effect of loneliness on the development of adolescent alcohol use in the United Kingdom. Addictive Behaviors Reports, 6/2017, S. 65 – 70.

McKay, M.; Wood, J. C.; Brantley, J. (2010): Starke Emotionen meistern: Dialektische Verhaltenstherapie in der Praxis. Wege zu mehr Achtsamkeit, Streßtoleranz und einer besseren Beziehungsfähigkeit (2. Aufl). Paderborn: Junfermann.

Neu, C.; Müller, F. (2020): Einsamkeit. Gutachten für den Sozialverband Deutschland. Hg. von Sozialverband Deutschland. Berlin.

Niles, A. N.; Haltom, K. E. B.; Mulvenna, C. M.; Lieberman, M. D.; Stanton, A. L. (2014): Randomized controlled trial of expressive writing for psychological and physical health: The moderating role of emotional expressivity. Anxiety, Stress, & Coping, 27 (1), S. 1–17.

Nowland, R.; Necka, E. A.; Cacioppo, J. T. (2018): Loneliness and Social Internet Use: Pathways to Reconnection in a Digital World? Perspectives on Psychological Science, 13 (1), S. 70–87.

Pinquart, M.; Sorensen, S. (2001): Influences on Loneliness in Older Adults: A Meta-Analysis. Basic and Applied Social Psychology, 23 (4), S. 245–266

Plattner, L.; Brandstötter, C.; Paal, P. (2021): Einsamkeit im Pflegeheim – Erleben und Maßnahmen zur Verringerung: Eine Literaturübersicht. Zeitschrift für Gerontologie und Geriatrie, 55 (1), S. 5–10.

Postpartale Depression Schweiz (Hg.): https://postpartale-depression.ch/de/ (30.04.2022).

Qualter, P. (2018): The BBC loneliness experiment. http://blogging2.humanities.manchester.ac.uk/miebee/wp-content/uploads/2018/11/BEE-Post-Loneliness.pdf (04.08.2022).

Reiche, S. (2021): Diese Instagram-Lüge kostet Lebensenergie. https://www.welt.de/wirtschaft/webwelt/article231930413/Toxic-Positivity-Gute-Laune-bei-Instagram-raubt-Lebensenergie.html (27.01.2022).

Richard, A.; Rohrmann, S.; Vandeleur, C. L.; Schmid, M.; Barth, J.; Eichholzer, M. (2017): Loneliness is adversely associated with physical and mental health and lifestyle factors: Results from a Swiss national survey. PLOS ONE, 12 (7), e0181442.

Rosenberg, M. B. (2013): Gewaltfreie Kommunikation. Sprache des Lebens. (11. Auflage). Paderborn: Junfermann Verlag.

Rötzer, F. (2019): Eine Pille gegen Einsamkeit? https://www.heise.de/tp/features/Eine-Pille-gegen-Einsamkeit-4537320.html (27.01.2022).

Schulz, K.-H.; Meyer, A.; Langguth, N. (2012): Körperliche Aktivität und psychische Gesundheit. In: Bundesgesundheitsblatt – Gesundheitsforschung – Gesundheitsschutz, 55 (1), S. 55 – 65.

Schuster, C. (2021): Lieber einsam als gemeinsam. Single-Haushalte in NRW boomen. Einpersonenhaushalte: Lieber einsam als gemeinsam: Single-Haushalte in NRW boomen – Infografik (ruhrnachrichten.de) (15.01.2022).

Sense (Hg.) (2017): »Someone cares if I'm not there«. Addressing loneliness in disabled people. A report by the disability charity Sense for the Jo Cox Commission on loneliness. https://www.nat.org.uk/sites/default/files/publications/loneliness_report_-_someone_cares_if_im_not_there.pdf (30.07.2022).

Simmank, J. (2020): Einsamkeit: Warum wir aus einem Gefühl keine Krankheit machen sollten. Zürich: Atrium Verlag.

Sozialverband Deutschland (Hg.) (2019): Pressemitteilung an die Medien. SoVD Kampagne gegen soziale Kälte – für mehr soziale Gerechtigkeit. https://www.sovd-bbg.de/fileadmin/landesverbaende/berlin-brandenburg/downloads/pressemitteilungen/2019_12_14_PM-Soziale-Kaelte.pdf (30.04.2022).

Spiegel.de (2022): Frau sitzt mehr als zwei Jahre tot an ihrem Küchentisch. Italien: Frau sitzt mehr als zwei Jahre tot an ihrem Küchentisch – DER SPIEGEL (02.07.2022).

Splendid Research GmbH (Hg.) (2019): Wie einsam fühlen sich die Deutschen? Eine repräsentative Umfrage unter 1006 Deutschen zum Thema Einsamkeit. https://www.splendid-research.com/studie-einsamkeit.html (15.01.2022).

Statistisches Bundesamt (Destatis) (Hg.) (2022): Bevölkerung und Erwerbstätigkeit. Haushalte und Familien. Ergebnisse des Mikrozensus. https://www.destatis.de/DE/Themen/Gesellschaft-Umwelt/Bevoelkerung/Haushalte-Familien/Publikationen/Downloads-Haushalte/haushalte-familien-endergebnisse-2010300207004.pdf;jsessionid=DE963A07F5CB180ABF8B4412AA75E67D.live732?__blob=publicationFile (30.04.2022).

Tesch-Römer, C. (2012): Einsamkeit. In: Wahl, H.-W.; Tesch-Römer, C.; Ziegelmann, J. P. (Hg.): Angewandte Gerontologie. Interventionen für ein gutes Altern in 100 Schlüsselbegriffen, S. 435–440. Stuttgart: Kohlhammer.

Teismann, T. (2014): Grübeln. Wie Denkschleifen enstehen und wie man sie löst. Köln: BALANCE buch + medien verlag

Valtorta, N. K.; Kanaan, M.; Gilbody, S.; Ronzi, S.; Hanratty, B. (2016): Loneliness and social isolation as risk factors for coronary heart disease and stroke: Systematic review and meta-analysis of longitudinal observational studies. In: Heart, 102 (13), S. 1009–1016.

Verhaeghe, P.; Erdmann, B.; Verhaeghe, P. (2013): Und ich? Identität in einer durchökonomisierten Gesellschaft (2. Aufl). München: Kunstmann.

Wagener, J. (2020): Wenn Einsamkeit krank macht. https://www.zeit.de/zett/2020-02/wenn-einsamkeit-krank-macht (29.01.2022).

Wagner, M.; Lang, F.; Schütze, Y. (2010): Soziale Beziehungen alter Menschen. In: Lindenberger, U.; Mayer, K.-U.; Smith, J.; Baltes, P. B. (Hg.): Die Berliner Altersstudie. Ein Projekt der Berlin Brandenburgischen Akademie der Wissenschaften (3. Aufl.), S. 325–344. Berlin: Akademie Verlag.

Wahl, H.-W.; Tesch-Römer, C.; Ziegelmann, J. P. (Hg.) (2012): Angewandte Gerontologie: Interventionen für ein gutes Altern in 100 Schlüsselbegriffen (2. Aufl.). Stuttgart: Kohlhammer.

Weinstock, T. (2021): Postnatale Depression. Vier Mütter berichten von ihren Erfahrungen. Postnatale Depression – 4 Mütter berichten von ihren unterschiedlichen Erfahrungen | Vogue Germany (15.01.2022).

Weiss, R. (1973): Loneliness: The experience of Emotional and Social Isolation. Cambridge: The MIT Press.

Wilson, R. S.; Krueger, K. R.; Arnold, S. E.; Schneider, J. A.; Kelly, J. F.; Barnes, L. L.; Tang, Y.; Bennett, D. A. (2007): Loneliness and Risk of Alzheimer Disease. In: Archives of General Psychiatry, 64 (2), S. 234.

Xia, N.; Li, H. (2018): Loneliness, Social Isolation, and Cardiovascular Health. In: Antioxidants & Redox Signaling, 28 (9), S. 837–851.

Younger, J.; Aron, A.; Parke, S.; Chatterjee, N.; Mackey, S. (2010): Viewing Pictures of a Romantic Partner Reduces Experimental Pain: Involvement of Neural Reward Systems. In: PLoS ONE, 5 (10), e13309.

Tobias Teismann, Sven Hanning

Das Depressionsbuch

Informationen für Betroffene, Angehörige und Interessierte

1. Auflage 2020

272 Seiten, 22,00 €

ISBN: 978-3-86739-200-6

Trotz breit angelegter Informationskampagnen kursieren zum Thema Depressionen weiterhin viele Falschinformationen, Vorurteile und Ängste. Zwei renommierte Experten beleuchten ausführlich den aktuellen Wissensstand, helfen, sich selbst oder einen depressiven Angehörigen besser zu verstehen und Hoffnung angesichts der vielfältigen Behandlungsmöglichkeiten zu schöpfen.

BALANCE **buch + medien verlag**

Internet: www.balance-verlag.de • E-Mail: info@balance-verlag.de